# 伝え方で「成果を出す人」と「損をする人」の習慣

あがり症で伝わらないことに悩んでいた私が伝え方のプロとして第一線で活躍している理由

車塚元章
kurumazuka motoaki

# はじめに

「何を言いたいのか、よくわからないと言われる」

「熱意を持って伝えているのに、少しも理解を示してもらえない」

「いい案ができて自信を持ってプレゼンに臨んだものの、アイデアのよさがうまく伝わらない」

「言いたいことの逆の意味にとらえられたり、誤解をされてしまう」

など、日々働いているなかで「自分は伝えるのが下手だな」と痛感する出来事に遭遇し、伝え方にコンプレックスを持っている人は少なくありません。


私は長年にわたり、人材育成コンサルタント、研修講師として、企業や官公庁、大学などでプレゼンや伝え方の指導をしてきました。その中で、このような方をたくさん見てきました。若い社員はもちろん、社長や役員クラスの方まで多くの方が悩まれているのです。

ある方は自分より10歳以上若い人が人前で流暢に話されるのを見て、「自分はなんてダメなんだ」と感じたと言います。

たしかに、若くて特に訓練もしていないのに、人前で話せる人はいます。そういう人と比べて、「ダメ」と思ってしまう気持ちもわからないでもありません。

しかし、私は「ダメ」と思う必要はないし、必ずしも話し上手になる必要はないという考えを持っています。

なぜかと言うと、**話がうまくなくても、伝え上手にはなれるからです。自分が言いたいことや自分の想いを相手に上手に伝えられるのなら、話し上手にならなくていいように思いませんか？**

**まずは、話し上手ではなく、伝え上手を目指してみましょう。**

**本書で紹介している考え方や習慣を身につけていけば、十分に伝え上手になれます。**

先日、ある会合に出席した時の例をあげましょう。

この日初めて顔を合わせるメンバーもいたので、全員で簡単な自己紹介をしようということになったのです。

最初の2、3人までは順調に進んでいたのですが、Aさんに順番が回ってくると少し様子が違ってきました。

Aさんは、おもむろにマイクを握り「こんにちは、○○○○と申します……」と自己紹介を始めました。

「こう見えて結構社交的なんです。まわりとの協調性もある方だと思います。それから、性格は明るい方ですし、よく人から好奇心旺盛だとも言われます。仕事の面では企画力に自信がありますし、持続力もあります……」

こんな調子で続いたのです。


時間をかけて自己紹介したわりには、よくわからないというか、全く伝わらない自己紹介のように感じました。

社交的、協調性、明るい、好奇心旺盛、企画力、持続力といった抽象的な言葉を並べただけの自己紹介では、言いたいことは何も伝わってきません。

ここで、もしこのような自己紹介だったらAさんの人となりが伝わってきたはずです。

「こう見えて結構社交的なんです。実は、月に3回はパーティーに参加していますし、異業種の交流会には毎週顔を出して人脈を広げています。それに、今私が中心となって新しく朝の勉強会をスタートさせる予定です。よろしければ、みなさんもぜひ参加してくださいね……」


**一言で言ってしまえば「相手の立場になって話をしているかどうか」で、相手に伝わるか伝わらないか、決まってしまいます。**


私たちは、何事も自分本位に考えてしまいがちです。話をする時もそうです。つい自分が話したいように話してしまいます。

しかし、それでは相手に理解されるかどうかわかりません。相手の心理状態、感情や気持ちに添って話をしなければ、何も伝わらないのです。

このように、〝伝わらない〟には原因があります。しかも、その原因も気づくことができれば解決できそうですよね。

**実は、上手な伝え方は誰でも身につけられます。生まれつきの才能やセンスは全く関係がありません。あなたのその話し方を大きく変える必要もありません。**

**それよりも、相手に伝わるための考え方や習慣のほうが大事です。**

それらを身につけ、やり方さえしっかり覚えれば、誰でも伝わる話ができるようになるのです。これは断言できます。

本書では、誰でも簡単に伝わる話ができるようになるための考え方、習慣そして方法を紹介しています。成果を出す人と損をする人を対比して紹介していますので、非常にわかりやすいかと思います。

「ああ、ついついこんなことをやってしまっているなぁ」というものがありましたら、優先的にその項目を読み、実践してみてください。

このようにして、実践可能なものはどんどん採り入れることで、〝成果を出す人〟に一歩近づけます。

あなたのこれからの人生に少しでもお役に立てることができれば、著者としてこれほど幸せなことはありません。
ぜひ、実践してみてください。

平成28年2月吉日

車塚 元章

## 第2章 ▼▼▼ 相手の心をつかむ伝え方 編

## 第3章 ▼▼▼ 自己紹介 編

## 第4章 ▼▼▼ 相手と信頼関係を築く伝え方編

第5章

# 文章の書き方編

## 第6章 報告・連絡・相談編

## 第7章 人を動かす、人を説得する伝え方編

○カバーデザイン　ＯＡＫ　辻　佳江

# 第1章

## 心構え 編

# 01 成果を出す人は伝わることにこだわり、損をする人は伝えることに必死になる。

〝伝わる〟と〝伝える〟

文字にしてみると「わ」と「え」の1字しか違いがありませんが、実は全く違います。

どういうことかと言うと、**伝わるということは、言いたいことを相手に話した結果、相手がその内容をしっかりと理解している状態**を言います。

伝えるということは、言いたいことを相手に話すこと自体を指します。ですから、話した結果、相手がその内容を理解しているかどうかはわかりません。

とりあえず、自分の言いたいことを話しただけ。これではコミュニケーションがとれているとは到底言えません。

私はこれまで証券会社での営業、経営コンサルティング会社でのコンサルタント、そして現在は人材育成コンサルタントとして、日々多くの人と話をする仕事をしています。

そんな私も、話をすることによる失敗を何度したかわかりません。スムーズに話せたと勘違いして、満足してしまったことが何度もありました。

特に、自分の得意分野の話となると、その傾向が強くなります。


以前、こんなことがありました。

ある企業の教育研修担当者を訪問すると、その担当者が新入社員の教育方法について、私に意見を求めてきたのです。

「最近どのような新入社員教育を行っている企業が多いのでしょうか?」

私にとっては、まさに待っていた質問です。

そのため、調子に乗って延々と持論を展開してしまったのです。

「最近、『言われたことだけしかやらない新入社員が多い』という話をよく聞きます。しかし、そもそも上司から『自分の頭で考えろ!』と言われても……」

相手が黙って話を聞いてくれていることをいいことに、うまく話せていると思い込んでいました。

でも、実際には私の言葉は相手に届いていませんでした。話が弾まずにそこで会話がストップしてしまったのです。

もしかしたら、「早く終わんないのかなぁ」と思われて、聞き流されてしまっただけだったのかもしれません。

いずれにしろ、相手のことを考えず、一方的に話してしまったのです。完全に自己満足の状態でした。

このように伝え方で損をする人は、伝えることに必死になります。往々にして、立て板に水のごとくスムーズに話をしようと考えがちです。相手とスムーズに話せたことで「うまくいった！」と思い込んでいるのです。

しかし、ここに落とし穴があります。**流暢に話をすれば相手に伝わるとは限りません。**

もちろん、話し上手を目指すこと自体は悪くありませんが、こだわりすぎるのも困ります。なぜなら、話し上手になることにこだわると、相手のことを考えず、一方的に話しすぎる一面もあるからです。

話し上手を目指す人はそれを忘れずに、肝に銘じておくようにしましょう。

結局、話のうまい下手を気にする以前に、相手がどう受け止めているのかを考えなければなりません。相手の立場に立って伝えることができなければ、いくら話が上達しても、意味はないのです。

むしろ、**スムーズな話し方よりも、ぎこちなくても伝わる話し方を身につける**ことが、あなたにとって重要なことです。

まずは伝わり上手を目指すことが先決です。

つまり、成果を出す人は、伝わるかどうかということにこだわります。

相手と会話のキャッチボールを心がけ、コミュニケーションをとるということを大切にしています。

相手に伝わる方法を身につけ、〝伝わる〟と〝伝える〟の違いを意識しながら、伝わることにこだわっていきましょう。

## 01 成果を出す人は、〝伝わる〟と〝伝える〟の違いを知っている！

# 02

# 成果を出す人はひらがな言葉を使い、損をする人はカタカナ言葉を連呼する。

ある新入社員に対して、部長がこう言ったとします。

「では次のミーティングだけど、アジェンダ通りに進めていきたいと思っている。わが社のグローバルリンクの可能性について、この間立ち上げたローンチについて少し議論しよう。スキームについては問題ないと思うので、あとはコンプライアンスやガバナンスだな。それでは、○○君。△△さんにアサインしておいてくれ」

おそらく新入社員の○○君には理解不能でしょう。

「なるほど、よくわかりました！」

こんな新入社員が1人ぐらいいるだろうと期待してはいけません。

とはいえ、最近のビジネス用語はカタカナばかりです。

「イーアールピー（ERP）の導入を検討し、最適なケーピーアイ（KPI）を定め、適正なマイルストーンを設定しましょう」

こんな言葉を日常的に使っているという人も、少なからずいることでしょう。

たしかに、思い返してみれば、私たちはカタカナ言葉や専門用語、業界用語を何気なく使っています。

エコ、レジェンド、イノベーション、セレクト、ポリシー、インセンティブ、モラル、コンセンサスなどなど、挙げたらきりがありません。

その方が普段使っている言葉なので楽ということもありますし、またちょっとカッコいいという感じもあります。

しかし、そんな普段使っている言葉であっても、相手によっては初めて聞く言葉もあるでしょう。ですから、**相手にとって理解できる言葉を使わなければ、そもそも言いたいことが伝わらない**のです。

このように、損をする人はカタカナ言葉や、専門用語、業界用語を連呼して、伝えた気になりがちです。相手がその言葉についてどの程度理解しているのか、ということに関心を払っていません。

逆に言えば、相手に伝えるためには、言葉選びがとても重要だということなのです。


では、成果を出す人はどう話すのでしょうか?

冒頭の会話を例にとってみましょう。

あえてカタカナ言葉を使わないとすると、このような感じになるでしょうか。伝える相手は新入社員です。

「次の会議だけど、事前に配布した進行表通りに進めていきたいと思っている。わが社の世界進出の可能性について、この間立ち上げたばかりの新事業について少し議論しよう」

一拍おいて、話し続けます。

「計画表については問題ないと思うので、あとは現地の法律、それから商習慣に沿った事業を展開できるかということだな」

相手が理解しているのを確認して、話し続けます。

「それでは、〇〇君。△△さんに意見を聞きたいと思うので、次回会議への参加のお願いをしておいてくれ」

これならば、難しい言葉も使っていませんし、言葉の意味がわからないということもないでしょう。

新入社員の〇〇君でも、十分理解可能です。

専門用語や業界用語、それからあまり一般的ではないカタカナ言葉は極力減らして、ひらがな言葉というか、相手にあわせて、わかりやすい言葉を選ぶといいでしょう。

そのためには、**一般的ではない言葉に出会ったら「誰にでもわかる言葉に変えるとどうなるだろう」と、日ごろから考えるクセをつけておく**のです。

ちょっとしたことですが、これだけであなたの話は伝わりやすくなるはずです。

## 02 成果を出す人は、専門用語・業界用語・カタカナ言葉を使わない！

# 03

# 成果を出す人はおもしろく話をして、損をする人はおもしろい話をしようとする。

おもしろい話をすること。実は、それ自体それほど難しくありません。もともとおもしろい話をそのまま話すだけですから。

そもそも、思わず笑い出してしまいそうなネタや意外な事実、ためになる情報に出会えたら、どんな人でも「これはネタになる」と感じるものです。

要は、相手の関心を引くおもしろい話のネタで勝負できるのです。

損をする人は、こうしたおもしろい話のネタを探すことに関心があります。

しかし、そんなおもしろい話のネタがいつもそのへんに転がっているわけでもありません。いつしかネタ切れになります。

一方で、**成果を出す人はネタ勝負ではなく、加工技術で勝負します。**普通の話をおもしろく話すことに関心があります。

ところで、あなたは落語に興味がありますか？

好きな人はわかると思いますが、同じ話をしているにもかかわらず、落語の師匠クラスと見習いクラスでは、おもしろさが段違いなのです。

それと同じように、話し方の工夫や話の持っていき方次第で、普通の話も面白くなると、成果を出す人は考えているのです。

では、あまり話が得意ではない人は、どんな加工技術で勝負するのがいいでしょうか？

1つのコツは、**話の冒頭やつかみに、意外な数字や意外な事実を入れる**ことです。

これだけで、相手の反応がガラッと変わります。

相手から「えっ、本当！」「それって、どういうこと？」「へぇ～、そうなんだ」というリアクションが返ってくれば、あとはあなたのワールドで話が展開できます。

かりに、その後に続く話が普通の内容であったとしても、最初の意外な話の印象が後々まで残り、「あぁ、おもしろい話を聞いた」と思ってもらえます。

あなた：「カロリーゼロの飲み物って増えているけど、完全にゼロでなくても『カロリーゼロ』とか『ノンカロリー』って表示できるんだよね」

相　手：「えっ、本当！　知らなかった～。そうなんだ」

あなた：「そうだね、今度から表示をチェックしてみるといいよ。ところで、新発売になった○○ビール飲んでみたいんだけどさぁ……」

あなた：「プロスポーツ界の平均年収だけど、一番高いのがプロ○○選手の○○円、一番低いのはプロ○○選手で○○円らしいよ」

相　手：「へぇ～、そうなんだ。そんなに差があるんだ、意外だね」

あなた：「ホント、最初聞いた時はビックリしたけどね。事実らしいよ。ところで、うちの会社のボーナスの話だけどさぁ……」

意外な数字や意外な事実は、その後の話題に近いものを探すといいでしょう。関連する話なら違和感なく本題に移行できます。

それから、意外な数字や意外な事実を話す前に、**質問を1つ入れることでさらに効果が**

**アップします。**

あなた：「カロリーゼロやノンカロリーの飲み物って、飲んだりする？」
相　手：「はい、よく飲みますよ。昨日も飲みましたね」
あなた：「あっそうなんだ。実は、完全にゼロでなくても『カロリーゼロ』とか『ノンカロリー』って表示できるんだよね」

ただ、話の冒頭やつかみでやってはいけないこともあります。

「あのさぁ、おもしろい話があるんだけど、聞きたい？」

このように言ってしまうことです。

おもしろい話があると言われれば、誰でも聞きたくなります。

この時点で、相手の期待は最高潮に達していますから、よほどおもしろい話でないと相手は納得してくれません。くれぐれも自分でハードルをあげないでください。

## 03 成果を出す人は、話のつかみに、意外な数字や事実を話す！

# 04

# 成果を出す人は相手を主語に話をして、損をする人は自分を主語に話をする。

たとえば、あなたは英会話学校に通っていたとします。

そして、ある時その英会話学校の事務局の人からこう言われました。

「○○さん、いつも休まず通われていて、さすがですね。それに、先生も最近の上達ぶりをほめていましたよ……。ところで、○○さん、来月うちの学校の入学キャンペーンなんですよ。よければお友達を紹介してもらえませんか。実はここだけの話ですけど、私にもノルマがあって、新規で3人の入学者を確保しないといけないんです。お願いしますよ！」

特に親しい間柄の人なら別ですが、普段あいさつを交わす程度の事務局の人から、友達を紹介してほしいと言われたら、あなたならどうしますか？

「そうですか、大変ですね。わかりました、じゃあ何人か知り合いに声をかけてみます。キャンペーンがんばってください」

大人の対応をしつつも、本心では「なんで俺が紹介しないといけないんだよ」といった感じでしょう。

これでは、まったく言いたいことが伝わったとは言えませんね。

何がダメなのか、わかりますか？

特に気になるのが、主語が私で、私目線で話をしているところです。こうした話し方は、損をする人の典型的なパターンと言えます。

言いたいことを相手に伝えたければ、まず主役の座を相手に渡すといいでしょう。

一方、**成果を出す人は主語を私ではなく相手にして、相手目線で話をすることを心がけています。**

「私はこう思う、こう感じる、これが言いたい」ではなく**「相手はどう思うか、どう感じるか、何を聞きたいか」ということを考えて言葉を選んでいます。**

というのも、そもそも人は聞きたい話にしか耳を貸しません。ですから、あなたが言いたいことではなく、相手が聞きたい話をすれば伝わります。
もし、あなたの言いたいことと、相手の聞きたいことが一致しないようなら（ほとんどがこのケースでしょう）、**相手が聞きたい話に置き換えることはできないか、**ということを考えてみてください。

では、冒頭の英会話学校の事務局の人は、どのように話をすれば、言いたいことがあなたに伝わるでしょうか。

「○○さん、いつも休まず通われていて、さすがですね。それに、先生も最近の上達ぶりをほめていましたよ……」と、ここまでは同じ。

このあと、このように続けることで伝わる話になります。

「ところで、○○さん、来月うちの学校の入学キャンペーンなんですよ。よければお友達を誘ってみませんか」

「紹介してもらえませんか」というのは「私に紹介してください」というお願いですが、「誘ってみませんか」というのは相手を主役にした言葉です。

さらに続けます。

「○○さんのまわりには、おそらく将来海外で働きたいという人も多いと思うんです。そうした仲間と一緒に切磋琢磨して英語を学んだら、より上達も早いですよ。それに、この学校の学習効果が高いことは、○○さん自身が十分承知しているはずですし。入学された方からも感謝されるはずです」

相手にとっていい話であることを強調します。

そして、さらに続けます。

「そうそう、それからキャンペーン中は入学金無料ですし、1人入学につき○○さんにも○○円のお礼を差し上げることになっています」

ここまでくれば、事務局の人の言いたいことは完全に伝わることになります。

成果を出す人は、常に相手がどう思うのかを考えているのです。

04 成果を出す人は、相手を主役にして話をする!

# 05

## 成果を出す人は自分が口下手だと知っていて、損をする人は話し上手だと思っている。

私が証券マンだった頃の話ですが、2年先輩にとても仕事のできる人がいました。

私の仕事は営業で、毎日新規開拓や既存客のフォローをしながら株式や投資信託をお客さんに勧めていたのです。

その2年先輩も同じ課に所属していて、しかも支店トップの成績をあげていました。

でも、一見して営業マンタイプには見えません。口下手でどちらかと言うと人とのコミュニケーションが苦手なタイプでした。

それにもかかわらず、しっかり数字をあげていたのです。口下手でありながら成績抜群な営業マンの典型、と言えるような人でした。

一方で、10年先輩で同じ営業をしていた人がいました。

こちらの先輩は、どこから見ても営業マンタイプという感じで、体育会系でフットワークが軽く、よく話もする人だったのです。

しかし、営業成績は普通というか、10年先輩であることを考えると少し物足らない数字でした。


いかにも営業マンタイプの先輩が今一つの成績なのに対して、口下手タイプの先輩が支店トップの成績なのです。

一体、どうしてそんな差になっていたのでしょうか？

いろいろと考えた結果、私は3つの理由があると思っています。


**1つ目は、口下手が幸いしたということ。**

口下手の人は、口数が少ない分、ウソをついたりすることがなく、口が堅いものです。

そのため、誠実さが伝わり、相手からの信頼を得やすくなります。

それに、聞き役に回るので相手からは好かれます。

自分は口下手だと思っている人は世の中には意外に多くいるため、そうした口下手の人からも安心感を持たれます。

たしかに、今思い返してみれば、他の人に比べ紹介案件が多かった気がしますし、好感を持たれる人柄の先輩でした。

**2つ目は、基本に忠実な動きをしたこと。**

おそらく自分は口下手だから何とかそれを補おうと、意識して行っていたことだと思いますが、とにかく基本に忠実でした。

特にあいさつはとても丁寧だったのを覚えています。お客さんと対面してのあいさつもそうですが、電話でのあいさつでさえ深々とお辞儀をしていました。

**3つ目は、徹底して準備をしたこと。**

とにかく何事も準備がすごかった印象があります。

正直な話、私も含めまわりの営業マンは準備らしい準備をすることなく、お客さんに電話したり、訪問したりしながら株式や投資信託を勧めるといった状況でした。

しかし、その先輩はしっかり準備してからお客さんに勧めていたのです。

たとえば、株式を勧める時は、その会社についてかなり調べてから話をしていました。

また、お客さんに電話する前には、「これとこれを話そう」といった簡単なメモを作り、それを見ながら1つひとつ丁寧に話をしていた姿が印象に残っています。

逆に、成績がいまいちの営業マンタイプの先輩には、少し過信があったのかもしれません。自分は話し上手なので、その場で臨機応変に話をすることができる。だから、特段準備をすることなくお客さんに対応しようと……。

おそらく、この2人の先輩の営業成績の差は、こうした意識の差だったのではないかと思います。

口下手だから言いたいことが伝わらないわけではありません。**口下手だからこそ、しっかりと調べて準備をし、きっちりと伝えよう姿勢が何より大事**なのです。

## 05 成果を出す人は、自分の強み、弱みを活かして話をする！

# 06 成果を出す人はルックス重視、損をする人は内容重視。

婚活パーティで魅力的な異性がいたとします。

どんなにこちらが「いいな！」と思っても、会ってすぐに相手が「清潔感がない」とか「生理的に受けつけない」と判断してしまえば、まず次につながりません。

深く話し込んでみれば、趣味や物事の考え方など、数多くの共通点があるかもしれないのに、です。「生理的に受けつけない」と思われたら、よほどのことがない限り、そこで試合終了なのです。


ちょっと話題を変えましょう。こんな状況に遭遇したらどうですか？

かりに、清潔感のある白衣を着たお医者さんから、次のように言われたとします。

「あなたの病気は○○です。すぐに治療が必要です。さっそく明日にでも入院してください」

考えたくもないことですが、お医者さんにそう言われたら現実として受け止め、入院手続きに入ることでしょう。

では、よれよれのTシャツ姿に髪の毛はボサボサ、無精ひげに、指紋だらけの眼鏡をかけたお医者さんに、上から目線でこう言われたとします。

「あなたの病気は○○です。すぐに治療が必要です。さっそく明日にでも入院してください」

この場合はどうでしょうか？

「まぁ、医者の言葉だからなぁ……」と思いつつも、何となく信用できないですよね。他の医者の意見を聞きたくなります。

同じ言葉であったとしても、お医者さんの外見によって、受ける印象は大きく違いますし、話そのものの信ぴょう性も違ってきてしまいます。

**これを『ハロー効果』と言います。私たちは、外見の目立つ部分に引きずられ、中身ま**

**で見た目通りにいい（悪い）と思い込む傾向があります。**

ということを踏まえて考えると、たとえば顧客先でのプレゼンなどについての考え方も変わります。かなり入念に準備してもうまくいかなかったのは、もしかしたら見た目に問題があったのかもしれません。

損をする人は**「話の内容がよければうまくいく」と考えがちですが、それで相手に伝わるかは別**です。

「どのように見られているか」などを気にしたり、ルックスにこだわらないと、言いたいことは伝わりません。

成果を出す人はルックス重視なのです。まず相手に受け入れられる土壌に整えようと考えているとも言い換えられます。

では、どんなところにこだわるのかというと、まずは身だしなみでしょう。

清潔感のある印象が一番ですから、スーツ、ズボンの折り目、シャツ、ネクタイなどの服装。靴、時計、アクセサリーといった身につけるもの。また、相手からの視線が集中する顔を中心とした、髪の毛、ひげ、歯、メイクなどにも注意が必要ですね。とくに初対面であればなおさらです。第一印象は２度作られることはありませんから。

他にもまだ印象を良くする方法があります。抜群に効果があるのが、やはり笑顔と明るい表情です。時おり笑顔を見せるだけで好感度は間違いなくアップします。

ですから、日ごろから口角をあげる練習をするなど試してみるといいでしょう。

そして姿勢や挨拶です。姿勢がいいと、それだけで自信ややる気を感じたりします。挨拶については、明るく活力のある声でするのはもちろんですが、しっかりとお辞儀をしながら挨拶することでさらに好感度はアップします。

簡単にできることでいいので、ルックスを気にしてみてください。

## 06 成果を出す人は、内容だけでなく、外見にもこだわる！

# 07

## 成果を出す人は喜怒哀楽を表に出し、損をする人は喜怒哀楽を隠す。

あなたの友達に、喜怒哀楽が顔に出る人、いませんか？
なかには必死で隠そうとしているのに出てしまうという人もいると思います。

その一方で、相手と話をする時、こうした感情を表現するのが苦手だという人がいます。ビジネスの場面ではあえて感情を抑え、ビジネスライクに話をすることがいいことだと思っているのかもしれません。

もちろん、それは人の考え方・価値観ですので、尊重すべきです。

でも、**自分の言いたいことを伝えたければ、感情を表に出した方が間違いなく相手に伝わりやすくなります。**

たとえば、あなたが仕事で大きな成果をあげたとします。

そこで、上司から「おめでとう、よくやったな。このままの調子で次も頑張ってくれ」とちょっとクールな感じで言われました。

どうでしょうか？

もちろん、こう言われたらうれしいですよね。

でも、次の方がもっとうれしいと思いませんか？

「おめでとう！　いやぁ〜本当によくやったな。俺もうれしいよ、よかった、よかった。このままの調子で次も頑張ってくれよな。それにしても、本当によかった！」

本心から喜んでいるという感じでこう言われたら、ますますやる気になりますね。

人は感情の生き物です。

**人は感情で動くものですから、感情に訴えかける話をした方がいいのです。**

ビジネスだからと言って、冷静沈着な姿勢で、何事にも動じないビジネスパーソンを演じる必要はありません。どんどん感情を表に出した方が、相手との本音のつき合いもできます。

それに、そもそも喜怒哀楽があるのが普通であって、その喜怒哀楽が表れていないということはつまり、本音が出ていないということになります。

実は、相手も本音で話したいと思っています。それなのに、あなたが常に冷静な態度で話していたら、相手も話しづらくなります。

あなたが喜怒哀楽を表に出して話をすれば、相手も安心して「本音で話をしてもいいんだ」と思い、心の内を語ってくれます。

結局、人間対人間のつき合いです。本音で話ができなければ、いい仕事もできないということではないでしょうか。

感情を込めた話をするためには、このようなことを留意するといいでしょう。

楽しかったこと、くやしかったことなど、あなたの感情が動いた時の瞬間や出来事を頭に思い浮かべながら話をします。

それから、顔で喜怒哀楽の感情を作りながら、少しオーバーに表現してもいいですね。その方が相手に伝わりやすいですし、あなた自身ますます気持ちを込めて話すことができます。

でも誤解しないでください。俗に言う感情に流されて話をするとか、感情的な話をするということではありません。「感情で話す」ということではないのです。

あくまで、**「感情を伝える」**ということなのです。

そこで、日ごろから喜怒哀楽を表現する練習をしてみてください。

練習方法としては、それぞれの感情の代表的なフレーズを、感情込めて実際に言葉に出してみることです。

喜：「本当にうれしいです」「ありがとうございます」「やったー」

怒：「本気で怒っています」「いい加減にしてください」「ふざけないで」

哀：「とても悲しいです」「涙が出ます」「残念で仕方ありません」

楽：「とても楽しいです」「最高の気分です」「楽しぃー」

ちょっと恥ずかしいかもしれませんが、練習してみる価値はありますよ。

07
成果を出す人は、感情を込めて話をする！

# 08
# 成果を出す人は必ずしも結論を先に話さず、損をする人はいつも結論から話す。

「わかりやすい話をするためには、筋道を立てて論理的に話をすること」

たしかにその通りです。

私もコミュニケーションをテーマにしたセミナー・研修で、受講者の方にそう話していますから。

ところで、筋道を立てて論理的に話をする時、有効なフレームワークがあります。

それが**PREP法**です。

Point（結論）↓Reason（理由）↓Example（具体例）↓Point（結論）

この流れで話をすることで、違和感なく相手の頭の中に情報がスゥーッと入ってきますし、理解も進みます。

P（結 論）「私はABC3つの案の中で、A案が一番いいと思います」

R（理 由）「なぜかと言うと、最も効果が見込めるからです」

E（具体例）「というのも、実は昨年Z支店で3つの案を全て実施したのです。すると、A案がダントツで効果があったのです」

P（結 論）「ということで、私はA案しかないと考えています」

特に、忙しい上司に話をする時など、短時間で結論を伝えることができます。それに、早い段階で結論がわかっていれば、上司もイライラすることなく、最後まで話を聞いてくれるでしょう。

**最初に結論を話すことによって、相手に与えるインパクトも強くなり、印象に残りやすくなります。これを『初頭効果』と言います。**

とまぁ、ここまでは結論を先に話すことによるメリットについてみてきました。

実は、この方法は万能ではありません。何でもかんでも結論から話をすればいいというわけでもないのです。

でも、損をする人は、「ビジネスでは結論から話をするのが当たり前」と思い込み、いつでも結論から話をします。

私自身も以前、結論を先に話すことにこだわりすぎて、失敗した経験もあります。

それに、たとえばこんなケースも考えられるでしょう。

あなたは生産管理部門の現場責任者です。10年前に導入した生産管理システムが時代遅れとなり、新しいシステム導入を考えています。そこで、思いきって生産管理部長にお願いしてみることにしました。

もちろん、ＰＲＥＰ法を使ってシナリオを考えます。

Ｐ（結　論）「ぜひ、この１０００万円の新システムの導入をお願いします」

Ｒ（理　由）「なぜかと言うと、現システムが時代遅れとなり……。また、……」

Ｅ（具体例）「実は、同じシステムを導入してるＦ社の担当者と話をしました。すると、驚くことに生産効率が３％向上したと言うのです」

Ｐ（結　論）「ということで、新システムの導入をお願いします」

これで完璧と思い、いざ部長を前に「ぜひ、この1000万円の新システムの導入をお願いします」と結論を話した瞬間「それはムリ、予算ないから。今のままで何とかしてくれ」と言われてしまいました。……終了。

一方で、成果を出す人は時には結論を後から話します。これを私は『**結論後出し法**』と呼んでいます。

大事なのは、**話を聞く相手がどんな価値基準を持っているかをつかむこと**です。

結論、理由、具体例、この3つの要素がしっかり押さえられていればOKだと考え、臨機応変に話の順番を入れ替えて対応していきましょう。

## 08 成果を出す人は、相手によって話す順番を変える！

# 第2章

## 相手の心をつかむ伝え方 編

## 09

# 成果を出す人は「〜です」を使い、損をする人は「〜思います」を連発する。

たとえば、スーパーに買い物にいき、店員さんにこう言われたとします。

「お客さん、ミカンいかがですか？ このミカンおいしいと思います。たぶん、ご家族の方にも喜ばれると思います。それに、値段も安いからお得だと思います。ですから、よければ買ってもらえるといいと思います」

そう言われても、今ひとつ買う気にはなれませんね。

では、これならどうでしょうか？

「お客さん、ミカンいかがですか？ このミカンおいしいですよ。ご家族の方にも喜ばれるはずです。それに、値段も安いからお得です。ぜひお試しください」

ちょうどよかった、買って帰ろうかなという気にもなります。

この違いが何かと言えば、語尾を「～思います」と言っているのか、「～です」と言っているのか、の違いです。

**損をする人は、この「～思います」という言葉をよく使います。**

押しつけがましくなく、場の空気を壊さないやわらかい言葉ですが、その反面、言葉の強さで言えば少し弱い面があります。

ですから、相手に言いたいことを伝える時には、あまり多く使わないほうがいいでしょう。

**それに比べ「～です」と言い切ることで、言いたいことが伝わりやすくなります。**

テンポがよく、歯切れのいい話になりますし、何より自信を持って話している感じを受けます。人は自信のある人に引きつけられる傾向がありますから、断定的に語尾を言い切ることで耳を傾けてもらえます。

ただし、強い口調と受けとられる可能性もありますから、その辺りは注意が必要です。

「～思います」などの断定しない言い方と、「～です」などの断定的に話す言い方には、それぞれメリットとデメリットがあります。ですから、そうした点を知ったうえで言葉を選ぶようにしてください。

①「～思います」など断定しない言い方

メリット：

・謙虚で誠実な印象を受ける

・穏やかな気持ちで話ができる

デメリット：

・弱い印象、自信がない印象を受ける

・責任回避、自分には関係ない、という逃げの姿勢を感じる

②「～です」など断定的に話す言い方

メリット：

・自信を感じ、信用・信頼される

・テンポがよく、すっきりわかりやすい話になる

デメリット‥

・上から目線で威圧感、不快感を感じる

・意見を押しつけられたと感じ、相手から反発を受ける

もし、断定的な言い方に抵抗がある人がいれば、話の最後だけ断定的に言い切ることでだいぶ印象が変わります。

「……ということで、～してもらいたいと思います」ではなく「……ということで、ぜひ、～してください」と言い切ります。

## 09 成果を出す人は、自信があるように語尾を言い切る！

# 10
# 成果を出す人は「……?」で相手に考えさせ、損をする人は考える間を与えない。

「宿題をしなさい」

「うるさいなぁ。今からやろうと思っていたのに……。やる気なくした」

こんな親子のやりとりが日常茶飯事で行われています。本当に子どもにやる気があったかはわかりませんが、この親も伝え方を工夫する必要はありそうです。


ある企業の営業部門のコンサルティングをしていた時です。

数か月間連続して売上が落ちており、その主な原因が新規開拓が思うように進んでいないということがわかったのです。当面、新規開拓に注力しようということになり、電話でアプローチをすることになりました。

私は社長と事前に、「1人1日50件、新規開拓の電話をすること」というラインを決めていました。

しかし、営業会議の場で、1日の新規開拓の電話件数を決めようという時、私は具体的な件数を伝えませんでした（この会議に社長は出席していません）。

かりに、私が営業会議の場で「先ほど社長と話をして、1人1日50件の電話をするようにという指示がありました。既存客のフォローもあると思いますが、みなさんがんばってください」と言ったらどうなるでしょうか？

やらされ感いっぱいで、与えられた件数をクリアすることが目的化してしまい、気持ちの入らない電話だけ繰り返すことにもなりかねません。

私はそのことを懸念したのです。

そこで、私は営業メンバーにいろいろと質問していくことにしました。

「今の売上減少を食い止めるためには、何件くらいの新規開拓が必要ですか？」

「そのためには見込み客を常に何件抱えていないといけませんか？」

「1日30分の時間を捻出するいいアイデアはありますか？」

などなど。

質問されれば自分たちでその答えを考えるようになり、またそれを言葉にすることで言葉に責任を持つようになります。

そしていろいろな質問を続け、最後に「では、1日何件電話することにしますか?」と質問したのです。

すると、メンバーの心に変化が起きたのです。

「そうですね、1日30件必達でいきましょう。そして、30件できない日があれば、その分は他の日に電話したり、それからスクリプトは……」

このような言葉が、自然とメンバー自身の口から出てきたのです。

事前に社長と打ち合わせしていた50件にはなりませんでしたが、それでも本人たちのやる気がまるで違います。

私が本当に言いたかったことは「みんなで新規開拓をして、売上を回復させよう!」ということであって、50件の電話をこなすことではありません。

つまり、私から具体的な指示を出さなくても、質問をすることで言いたいことがメンバーに伝わったのです。

ほとんどの場合、みな自分がやるべきことは薄々わかっています。それを**1つひとつ質問することでさらに考えてもらい、自分で答えを出してもらう**のです。そうすることで、いちいち言葉で伝えなくても、言いたいことは伝わります。

そこで、ここでの留意点ですが、矢継ぎ早に質問しないことです。

「あれはどうですか？」「これはどうですか？」「それからこれは？」といった感じでどんどん質問されると、答えることでいっぱいいっぱいになってしまいます。

ですから、相手がじっくりと考える時間をとってください。間（沈黙の時間）は大いにとるべきです。

冒頭の話を例にすると、親は子どもに質問を投げかけて考えてもらうなどのアプローチがあってもよかったかと思います。

相手に質問して考えてもらう方法もぜひとも身につけてみてください。

## 10 成果を出す人は、うまい質問で、相手から言葉を引き出す！

# 11 成果を出す人は短い文で話をして、損をする人は長文で話をする。

「……で、何が言いたいの？」

こんなことを言われたことはありませんか？

原因はいろいろありますが、よくあるのは一文が長くなっていることです。一例を見てみましょう。

あなたは部門の他のメンバーからこう頼まれました。

「先日、お客さんの1人からクレームがあったのですが、それは接客に関することでして、次回の会議で部長や、部のみんなにも報告したいと思っているのですが、残念なことに私は出席できないので、○○さん、代わりに報告してもらえますか？」

注意深く聞けば、何を言おうとしているのか理解できます。

でも、この方がわかりやすいと思いませんか？

「先日、お客さんの1人からクレームがありました。接客に関することです。そこで、次回の会議で部長や、部のみんなにも報告したいと思っています。でも、残念なことに私は出席できないのです。○○さん、代わりに報告してもらえますか？」

このように、**長い文で話をするより、短い文で話をした方がわかりやすく、相手に伝わります。**

ですから、意識して1つの文を短くして、テンポよく話をするといいでしょう。それだけで俄然伝わりやすくなります。

ところで、プライベートで話をしているとそれほどでもないのに、少しかしこまった場面になると長文で話をする人がいます。

たとえば、上司への報告する時や、人前で話をする時などです。

よくあるのが、つなぎ言葉として「え～」「あの～」を連発することで長文になるパターンです。こういう人は結構見かけます。

間（沈黙）ができるのが嫌で、その時間を埋めようとこうして言葉が出てしまいます。

「（え〜）先日、お客さんの1人からクレームがありまして（え〜）、それは接客に関することだったのですが（あの〜）……」

また、余計な接続詞で文をつないでしまう人もいます。とくに「〜けれども」を使う人が多いですね。

「先日、お客さんの1人からクレームがあったんです（けれども）、それは接客に関することなんです（けれども）……」

「〜けれども」で文をつなぐと、延々と文がつながってしまい、ものすごく長文になってしまいます。

しかし、何気なく使ってしまっているケースが多いため、なかなか自分がどんなふうに話しているか、気づかないものです。

まわりの人にアドバイスをもらったり、自分の話を録音して聞いてみたりして、自分のクセをつかむようにしましょう。

## 11 成果を出す人は「え～」「あの～」「～けれども」など、つなぎ言葉を使わない！

この**「え～」「あの～」「～けれども」は要注意言葉**です。

このような言葉は使わず、短文で話をするように心がけてください。

でも、つい言ってしまいそうな時もあるでしょう。その時は間（沈黙）を作るようにします。

それでも言ってしまいそうな時は、句点「。」を心の中で「マル」と言葉にしてみてください。あくまで心の中で、というのがポイントです。

そうすれば、自然と間（沈黙）を作ることができます。

ぜひ、試してみてください。

# 12 成果を出す人はひそひそ話を巧みに使い、損をする人は元気よく話す。

前の項で紹介した証券マン時代の2年先輩の話ですが、続きがあります。

実は、その先輩はお客さんを引き込むもう1つのテクニックを持っていました。

それが、ひそひそ話です。


当時、私の勤務していた支店には20名ほどの営業マンがいました。

毎朝9時に株式市場がオープンすると、壁一面に設置された株式ボード（リアルタイムで値上がり、値下がりの状況が表示される）を見ながら、全員が一斉にお客さんのところに電話をして相場状況を伝えたり、株式の売買注文をこなしていきます。

活況な相場の時などは、ほとんどの営業マンは立って電話をしていました。そうすることで、自然とテンションもあがりますし、電話の声も大きくなるのです。

そして最後の一言「買ってください！」という声は一段と大きくなります。

しかし、その先輩だけはクロージングに入ると決まって椅子に座っていました。なおかつ、声が小さい。隣の席にいても全く聞こえないくらいの声で話すのです。

そうこうしていると、頭を深々と下げて（お客さんにお礼をしている）電話を切り、売買伝票をとり出して注文を入れる。そんな光景をいつも目にしていました。

人と話をする時は「大きな声で、元気よく！」と言われます。そうすることで、相手は話の内容をしっかり聞きとることができますし、話し手にいい印象を抱きます。元気があればそれだけでも好感を持たれることになります。

それに「元気がいいね！」と言われればうれしいものですし、自信にもなります。

もちろん、このようなメリットも多いのですが、デメリットもあります。実は、そこに気づいているかが大事ということです。

一般的に、人は自分の主張を通したいと思った時、あるいは話に夢中になった時、無意識に声が大きくなります。

でも、その内容が相手にとってあまり好ましくない話や、耳の痛い話の場合だったらどうでしょう。

「この人はなんて自己主張が強い人なんだろう」

「そんな大きな声出さなくても聞こえるよ」

このように思われてしまいます。

TPOによっては元気よく話すことがふさわしくない時もあるのです。まずはその認識を持つことが大事です。

極端な例ですが、オシャレなバーのバーテンダーが、ラーメン屋の主人のように元気よく「いらっしゃい！」と言ってきたら困りますよね。「こちらは静かに飲みたいのに……」と苦々しく思うはずです。

そこで、**自分の主張を通したい時ほど、逆に小さい声でひそひそ話を一度試してください。**

「あまり大きい声では言えませんけどね～」

「ここだけの話ですけどね～」

ちょっとベタですが、こう小さな声で言われれば、聞いてみようかなと思いますからね。

**小さな声で話す最大のメリットは相手が集中してくれることです。**

「実はね、ちょっと話したいことがあるんだ〜」

今までは普通の声の大きさで話をしていたところ、急に声が小さくなったら、相手は「どうしたんだろ」と思い、聞き耳を立ててくれます。

そうなれば、このあとに続くあなたの話は伝わるものになります。

成果を出す人は声の強弱を利用して、相手の関心を引くことができます。プレゼンやクロージングの場はもちろんのこと、日常でもひそひそ話をうまく使ってみてください。

## 12 成果を出す人は、声の強弱・大小を巧みに使い分ける！

# 13 成果を出す人は嫌いな相手のプラス面を見つけ、損をする人はマイナス面が気になる。

「部長。今回の新入社員歓迎会ですが、イタリアンにしようと考えていますがよろしいでしょうか？」

「えっ、イタリアン！ 俺好きじゃないんだよ。他にないのかぁ」

おそらく、この部長にはどんな提案しても、同じように否定的な答えが返ってくるでしょう。

「なにっ、居酒屋！ 座敷はやめてくれよな」

「オイスターバーだって、俺が牡蠣を食えないこと知ってるだろ」

このような態度はとりたくないものですね。

とはいうものの、基本的に人は否定的思考が強いものです。他者を一段下に落とすことで、自分の存在価値を高めたい。あるいは、自分のプライドを維持したいなどの気持ちがあるのでしょう。

ですから、ちょっと油断するとまず否定的な言葉が口をついてしまいます。

私たち自身も気がつかないうちに、相手に否定的な態度をとっているかもしれません。

否定的思考がもっと顕著に表れるのが、嫌いな相手を前にした時です。

欠点やマイナス面ばかり気になります。

「この人は、だいたい人の話を聞くタイプじゃないしなぁ」

「どうせ話しても無駄だろうけど」

そんなふうに思ってしまいます。

しかし、このような気持ちで話をしても言いたいことは伝わりません。

**成果を出す人は、相手や相手の話のプラス面を見つけ、それを認めます。**

先ほどの例で見てみることにします。

「ほぉ～、イタリアンか！ この辺は人気の店も多いし、いいんじゃないのか」

いきなり否定せず、まずプラス面を評価します。そして、続けます。

「ところで、俺はイタリアンがちょっと苦手なんだ。でも、パスタを多めにしてくれよな。パスタだけは好きなんだよ」

このように、まず相手や相手の話を認め、その後で自分の主張をすれば、相手は部長の言葉を素直に聞いてくれるはずです。

ロバート・B・チャルディーニによると「人は相手から何かを与えられると、それを返さなくていけない、という心理が働く」と言います。

これを**『返報性の原理』**と言います。

つまり、あなたが相手を認めれば、相手もあなたを認めてくれるということなのです。

ですから、たとえ嫌いな相手に話をする時も、相手のプラス面を見つけて認めることが大事です。それができれば、相手もあなたを認めてくれます。

では、苦手な相手のプラス面はどう見つければいいのでしょうか?

「無理やりにでも、嫌いな相手を好きになってください！」とまでは言いません。しかし、少なくとも相手の存在や価値観を認めましょう。

相手の全てを受け入れる必要はありません、認めるだけでいいのです。

そこで、手始めにあなたと相手との〝違い〟を5つぐらい挙げてみてください。簡単に思いつくものだけで構いません。

たとえば、このようなキーワードが思い浮かんだとします。

「時間にルーズ」「字が汚くて読みづらい」「仕事が遅い」「態度がデカい」「自分勝手」などなど。

たしかに、こんな人とはつき合いたくないかもしれませんね。

そして、次にこの5つのネガティブキーワードをポジティブな表現に変えてみます。

「時間に縛られない」「字が個性的」「丁寧な仕事」「自信のある態度」「まわりに流されない」などなど。

これだけで、相手に対するイメージがだいぶ変わります。そして、おそらくこの中のいくつかは相手のプラス面ということになるでしょう。

## 13 成果を出す人は、まず、相手のプラス面を評価する！

# 14 成果を出す人は相手の行動を促す話をし、損をする人は感動的な話をする。

あなたは、何のために「伝えたい」「コミュニケーションをとりたい」と思いますか？

意外とここがすっぽり抜け落ちていたりします。目的・ゴールを決めずに飛び出しても着地点が定まりません。山頂というゴールを目指して登山をするように、1つひとつの会話やコミュニケーションに目的をつけるべきです。


たとえば、私はセミナーなどで話をする機会の多い仕事をしていますが、私にとってセミナーの目的は何でしょうか？

それは、受講者の行動を促すことです。

ですから私は、受講者に対して行動を促すメッセージを送るようにしています。

セミナーで、受講者から「いい話を聞きました」「勉強になりました」「感動しました」という感想をもらうだけでは十分ではありません。残念ながら、こうした話は時がたつにつれ、記憶が薄れていってしまいます。

「明日から行動します！」「早速、実践します！」という言葉を引き出すことが重要で、そこまでいって初めて伝わったと言えます。

そのために、セミナーの中で何度も受講者に対して「実践してください」「行動してください」「試してください」という、行動を促す言葉を発しています。

中国では、昔から『聞いたものは忘れる、見たものは覚える、やってみたものは理解する』と言われています。

聞いただけの話はすぐに忘れてしまう。目で見たものでもやっと覚える程度。実際に行動に移すことで、初めて聞いた話を理解でき、身につくのだそうです。

これは、別にセミナーなど人前で話す場合のことだけでなく、１対１で話をしている場合も全く同じです。

あなたが伝える目的の大部分は、相手の行動を促すことにあるのではないでしょうか。

相手に協力をあおぐ時のお願いはもちろんのこと、プレゼンやセールストークなど、実はほとんどがその目的にあてはまります。

なので、感動させる話もいいのですが、**言いたいことを伝えるために、相手には常に次の行動を促す話をしてください。**

1つそのヒントをお話しします。

では、次の2つの話を聞いてどちらが伝わりやすいと思いますか？

「〇〇にあるパンケーキのお店、とても美味しいですよ」

「〇〇にあるパンケーキのお店、とても美味しいですよ。一度食べてみてください！」

違いは、「一度食べてみてください！」があるかどうかですね。

ただ、これがあるかないかでは印象が変わります。言われた相手は、その瞬間自分で食べた時の情景を頭の中にイメージするため、記憶に残ります。

また、何かの通販番組をTVで観たことがあるかと思います。すると、「〇〇ならこんなに便利です！」ではなく、「〇〇ならこんなに便利です！今すぐお電話ください」というように、行動を促す言い方をしているのに気づきます。

実際には電話をかけなかったとしても、「〇〇は便利だ」ということは確実に伝わるのです。

やはり、行動を促す言葉が入るだけで伝わり方もだいぶ違ってきますね。**ささいなことですが、最後に行動を促す言葉を入れる習慣をつけましょう。**

そして、**さらに伝わる話にするには、相手に対して利益やメリットなどの期待感を持たせる言葉をプラスします。**

「○○にあるパンケーキのお店、とても美味しいですよ。一度食べてみてください！とても幸せな気分になれます」

「○○ならこんなに便利です！今すぐお電話ください。これであなたもお料理上手になれます」

ぜひ、この伝え方を身につけてみてください。

## 14 成果を出す人は、相手に行動を促すメッセージやメリットを伝える！

# 15 成果を出す人は相手に聞いているサインを送り、損をする人は何も送らない。

人と会話をしている時、普通は話し手と聞き手が明確に分かれているわけではありません。お互いが話し手であり聞き手であり、相互にやりとりをするものです。

でも、話が伝わらない人はこのことをつい忘れてしまいます。自分が話をすることに夢中になってしまうのです。だから伝わらないのです。

もちろん、どう話を伝えるかも大事ですが、**「相手が何を伝えようとしているのか」**ということにもっと関心を持たなければなりません。

話が伝わる人と伝わらない人では、ここが大きく違うのです。

人は誰でもそうですが、自分が話すことに関心があります。何を話そうか、どうやって話そうかと考えていて、それだけでもう頭の中はいっぱいです。

しかし、自分の話を伝えたいと思うなら、まず相手の話を聞くことです。

頭の中が何を話すかでいっぱいになっている相手に話をしたところで、あなたの話は伝わりません。

ですから、**伝わるための下地を作る**のです。

どういうことかと言うと、**相手に話をさせることで、相手の頭を空にする。そうすることで、初めてあなたの話が相手の頭の中に入っていきます。**

では、どれくらい相手の話を聞けばいいのでしょうか？

ずばり、会話全体の30％はあなたが話をして、あとの70％は相手に話をさせる、というくらいが丁度いいでしょう。

とはいうものの、ただ相手に話をしてもらえばいいというわけでもないのです。相手が話をしている時は、相手に聞いているサインを送ってください。

このサインというのは「あなたの話をしっかり聞いています」という意味であり、「あなたのことをちゃんと認めています」という意思表示なのです。

そこで、まずは何と言ってもうなずくことです。

これがあるのとないのとでは、相手の話しやすさはまるで違います。

話の節目で軽くうなずいたり、大事な話の時は、ゆっくりと一度深くうなずいたりします。それから、小刻みに2度、3度うなずく方法など、バリエーションがあってもいいですね。

ぜひ、10秒に1回はうなずいてみてください。

それから、うなずきにあいづちをプラスすることで、一層聞いているサインとなります。「そうですね」「わかります」「うん、うん」「なるほど」「はい」「その通りですね」「同感です」「本当ですね」「たしかに」など、相手の話に同意したり、納得した時に使ってください。

また、相手の話に感心したり、驚いた時などは、このようなあいづちがいいでしょう。「すごいですね」「そうなんですか」「本当ですか」「すごいですね」「へぇー」「やはりね」「へぇー」「えっ」など。

その際、首を上から下におろしながらうなずくのではなく、逆に下から上にのけぞる感じでやってみるのもいいでしょう。そうすることで、感情がより強く表現できます。

また、話を聞く時は相手の目を見て聞くことが基本です。

パソコンを打ちながらとか、スマホを見ながら相手の話を聞いてはいけません。これはマナーとしてもよくありませんし、しっかりと相手の目を見て聞くことで、聞いているサインを送ります。

かといって、あまり真剣すぎる目で見つめていたら相手は緊張してしまいます。ですから、リラックスしながら表情は笑顔で、やさしい視線を送るように心がけてください。

こうして、相手に聞いているサインを送りながら話を聞くことで、相手の頭の中にも空きができ、あなたの話を聞き入れるスペースが生まれます。

これで、あなたの話は伝わる話になります。

## 15 成果を出す人は、うなずき、あいづちで相手にサインを送る！

# 第3章

# 自己紹介編

# 16 成果を出す人は30秒で自己紹介し、損をする人は3分かかる。

あなたの勤務先に新入社員が配属されたとします。

そこで、部署のトップからメンバーに声がかかります。

「それでは、みなさん。順番に簡単な自己紹介をお願いします」

このような光景はよくありますね。

あるいは、業界の集まりなどで、メンバーが1人ずつ順番に自己紹介するといったケースもあります。


損をする人は、自己紹介が長くなります。

「簡単に！」と言われているのに、場をわきまえずだらだらと話し続け2分、3分と時間がたってしまう。聞いている方も「早く終わらないかなぁ」といった気分になります。

これでは、次の順番の人も気が気ではありません。

それに対して、**成果を出す人の自己紹介は簡潔で短くまとまっています。**

『エレベーターピッチ』という言葉があります。

言葉の由来は、エレベーターに乗っているわずか30秒の間に、起業家が投資家に自らの事業計画を提案して納得してもらう、というところからきています。

人が30秒で発する文字数はだいたい250文字程度でしょう。話を短くまとめるのは難しいことですが、簡単な自己紹介であれば、30秒以内で完結させるようにしておくのです。

そこで、簡潔で短い自己紹介をするためのポイントですが、3つのパターンを準備しておきましょう。成果を出す人はこういう準備を日ごろからしています。

一言バージョン、15秒バージョン、30秒バージョンの3つです。この3つをTPOにあわせて使い分けます。

## ● 一言バージョン

最低限の情報として、**自分は何者か**を伝えます。

では、業界主催の新商品発表会が開催されたと仮定し、その場での自己紹介を見ていくことにします。

「○○会社で営業をしている、鈴木一郎と申します。どうぞよろしくお願いします」

この時、名前はフルネームで言うのが基本です。

それから、印象に残りやすいキーワード、キャッチフレーズで自己紹介する方法もあります。

「○○会社一筋15年！　鈴木一郎と申します」

でも、ＴＰＯはわきまえてくださいね。

## ●15秒バージョン

自分は何者かを伝え、そして**今なぜここにいるのか**を伝えます。

「○○会社で営業をしている、鈴木一郎と申します。このあと30分お時間を頂いて、私共の新製品についてプレゼンテーションを行います。わかりやすくお話ししたいと思っておりますので、どうぞよろしくお願いします」

### ● 30秒バージョン

15秒の自己紹介に加え、さらに**言いたいことを1つだけに絞り、**簡潔に伝えます。業務内容や専門分野のこと、あるいは仕事に対するとり組む姿勢など、相手にあわせて1つだけ伝えます。

「○○会社で営業をしている、鈴木一郎と申します。このあと30分お時間を頂いて、私どもの新製品についてプレゼンテーションを行います。わかりやすくお話ししたいと思っております。実は、私は半年前まで今回の新製品の開発責任者をしておりました。ですから製品について社内で一番理解している人間であると自負しています。ぜひ期待していてください。では、のちほどまたお目にかかりましょう。よろしくお願いします」

簡単な自己紹介であれば、基準を30秒と考え、その中に収まる自己紹介の定番トークを作っておくことをお勧めします。

**16**

**成果を出す人は、その場に合わせた自己紹介のパターンをいくつか知っている!**

# 17 成果を出す人は未来の話をして、損をする人は現在・過去の話をする。

あなたの所属する部署に、直属の上司として新しい部長が配属されてきたとします。
そこで、メンバー1人ずつ個別の面談が行われることになりました。
時間は1人15分。そのうち5分は自己紹介の時間として、各人が部長に対して1対1で自分をアピールすることになったのです。

さぁ、あなたならどんな自己紹介をしますか？

損をする人は、これまでどんな業務に携わり、どんな実績・成果をあげてきたのかを中心にアピールします。そして、今現在の業務内容を話します。

「新卒として入社して初めて配属されたのが、大阪支店の営業部でした。主に新規の法人開拓を行い、3年間で○○といった成果をあげました。そして、次に配属されたのが……。そして、現在は……」

もちろん、過去の蓄積が今を作っているわけですから、これまでの実績を語ることはいいことです。

でも、それだけでは十分とは言えません。

おそらく、この部長も面談の前に各人の経歴などは事前に調べているでしょうから、部長にしてみれば「それはもう知ってるよ!」という内容ばかりのはずです。

では、成果を出す人はどんな自己紹介をするのでしょうか?

**成果を出す人は、「現在→過去→未来」という、この順番で自己紹介をします。**

「現在、私は代理店のサポート業務を行っています……。そして、以前いた部署では~といった経験を積んできました……」

まずは、現在の業務内容と、これまでの実績などを振り返り、こう続けます。

「このような経験を踏まえ、新しい体制になった我が部署では、特に新人の育成に貢献できると考えています。そして、3年後には社内の○○資格を取得して、~といった業務に携わっていきたいと考えています……」

部長が一番知りたいことは、これから先のことです。つまり、未来のことです。「今後、どんな業務を通じて、どれだけの実績を挙げ、部門に貢献してくれる人材なのだろうか？」

「将来、どんな業務にチャレンジしていきたいと考えているのか？」

現在や過去の実績より、こうした未来について知りたいと思っています。

ですから、成果を出す人はそのことを十分承知していて、部長が知りたいと思う話をするのです。

もちろん、「現在→過去→未来」の話し方は部長に対してのみ有効なのではなく、いろいろなシーンで使えます。

あなたが新任リーダーであれば、チームのメンバーは「リーダーはいったいどんなチームを作りたいと思っているのか？」ということが気になります。

あなたも、部長の武勇伝や現在の自慢話なんて、できれば聞きたくないですよね？

それはどの部下も一緒です。

また、就職活動の面接官は「この人はどういう形でウチの会社に貢献してくれるのか？」というところも審査します。「未来」の話がなければ、面接を通過するのは難しいでしょう。

つまり、どんな相手にしろ、**相手が何を求めているかという心理をつかむことが大事**なのです。

それから、現在や過去の話をする場合は、できるだけ相手が知らない情報を織り交ぜるといいでしょう。

たとえば、冒頭の例で言えば、失敗した経験を話し、それをどんな方法で乗り越えたかを語ることで、あなたの未来に可能性を感じてくれるはずです。

自分を知ってもらいたいのなら、未来のことも織り込んで話をすること。これをぜひとも習慣にしましょう。

## 17 成果を出す人は、自分が話したいことではなく、相手が聞きたい話をする！

# 18
# 成果を出す人はメリハリのつけ方を知っていて、損をする人は知らずに話す。

仕事柄、多くの人の自己紹介を聞く機会があります。なかには、「仕事ができる人なのに損しているなぁ……」と感じさせる自己紹介をする人がいます。もったいないことです。

そもそも、あまり自己紹介に重要性を感じていないのかもしれません。

でも、そんな人は考え直してほしいのです。第一印象がいいと、相手は心を開きやすく、仕事がスムーズに進みやすいということに。あなたは気づいていますか?

そう、第一印象をよくするためにも、自己紹介は大事なのです。

そこで、まず伝わらない自己紹介の典型例を紹介します。

言葉をただ並べただけで、淡々とした口調で話をするパターンです。これは、自己紹介に限ったことではなく、多くの場面で見られます。

でも、これでは相手にいい印象を残すことはできませんし、言いたいことも伝わりません。それに、何だか冷たい感じの人と思われてしまいますし、何より一本調子の話では相手は眠くなってしまいます。

クライアント先で会議に参加すると、このような場面に出くわすことがあります。たとえば、会議の冒頭、全員が自己紹介をすることになったとします。

「おはようございます、総務部の田中健二です。今日の会議では、総務部門の視点から見た業務改善について、意見を述べていきたいと思います。どうぞよろしくお願いします」

抑揚もなく、原稿棒読みのような、一本調子で自己紹介をする人がいます。これでは、せっかくの自己紹介も参加者は耳を傾けてくれません。

**自己紹介は、何をアピールするかも大事ですが、どうやってアピールするかも大事なのです。**

成果を出す人は話にメリハリがあります。

メリハリをつけることで、相手を話に引きつける効果があります。**メリハリは声の強弱**

**を使い分けたり、声の大小、そして高低や明暗を使い分けることで生まれます。**

話をするには、この〝変化〟がとても重要なのです。


「（声を大きく）おはようございます！ 総務部の田中健二です。今日の会議では、（力強く）総務部門の視点から見た業務改善！ について、意見を述べていきたいと思います。どうぞよろしくお願いします」


これで、会議参加者はグッと引き寄せられます。

初めに大きな声を出すことでやる気を感じ、強調した部分「総務部門の視点から見た業務改善」という言葉も耳に残ります。

この時、第一音は特に注意しましょう。「おはようございます」でいえば〝お〟をしっかりと発音することで、さらにメリハリが利いてきます。


また、話にメリハリをつけるもう1つの方法があります。それが**話のスピード**です。

基本的には、あなたが普段話をしているスピードで構いません。

そのスピードを基準にして、時には早く話したり、また時にはゆっくり話すなど、緩急をつけます。

**大事な話をする前に少しスピードを上げ、いざ大事なことを話す時にゆっくり話をする。**

こうすることで緩急の幅が大きくなり、相手により印象づけることができます。

たとえば、プロ野球の投手は、速球だけ投げられれば打者を打ちとれるというものでもありません。速い球と遅い球を投げ分けて、緩急をつけることで、多くのアウトを稼げるのです。それと同じですね。

一般的に、ゆっくり話すことで、相手に「落ち着き」「余裕」「自信」「信頼性」などを感じさせることができます。

一方、テンポよく話すことで、相手に「若々しさ」「頭の回転の早さ」「熱意と情熱」「臨場感」などの印象を与えることができます。

こうしたそれぞれの特徴を押さえて、話のスピードに緩急をつけるといいでしょう。

## 18 成果を出す人は、声のメリハリや話すスピードを使い分けている！

# 19

## 成果を出す人は小道具に頼り、損をする人は自分の話術で勝負する。

人の五感とは、視覚、聴覚、触覚、味覚、嗅覚の５つのことですね。

一説によると、視覚から得られる情報量の割合は全体のおよそ87％とも言います。他の４つを合計しても13％ですから、視覚には圧倒的な情報収集力があることがわかります。


損をする人は、自分の話術のみで勝負することに固執してしまいます。

もしもあなた自身、このことに身に覚えがあるのなら、考え直してほしいです。

なぜなら、いくら話術巧みに伝えたとしても、視覚の効果に及ばないからです。「百聞は一見に如かず」という言葉がありますね。


一方、**成果を出す人は視覚の効果を知っていますので、話を目に見える形にできないかと考えます。**

具体例を挙げてみてみましょう。

たとえば、あなたは出版社に勤めていて、本の営業の仕事に就いているとしましょう。

あなたはA書店にいき、書店の担当者に『来月出版される新刊』を多く置いてもらうべく、話をつけなければなりません。

この時、口頭のみでその本のよさを伝えても、書店の担当者からすれば、わかりづらいかもしれません。それよりも、原稿の一部とかカバー案などを持っていって、手にとって見てもらいながら話をしたほうが伝わりやすいですよね。

つまり、そういうことなのです。


ところで、私がセミナーなどで自己紹介する場合は、スライドを使うようにしています。

「車塚元章と申します」と自分の名前を名乗ると同時に、スクリーンには『車塚元章』と大きく書かれたスライドを投影させます。

聞き手にとってみれば、言葉だけで「くるまづかもとあき」と言われても、一度聞いただけでは忘れてしまいますし、そもそも漢字でどのように書くのかもわかりません。

でも、スライドを使って聞き手の視覚に訴えることで、記憶にも残りやすくなります。

よく言われることですが、左脳は言語・論理をつかさどる脳で、右脳は五感・イメージをつかさどる脳だということです。

言葉で左脳に働きかけ、理解、記憶を促すだけでなく、ストーリーや映像で右脳に働きかけることで、相手の理解も進み、記憶も長期保有されます。

そこで、自己紹介に限らず普通の会話の中でも、相手の視覚に訴えるように視覚化（見える化）することをお勧めします。

たとえば、「私事ですが、この1年で20kgのダイエットに成功しました」と話しても、相手からのリアクションは「へ～、そうなんだ。すごいね」という程度でしょう。

でも、ダイエット前の写真を見せれば、「えっ、すごい！ ホントだ」といった反応が返ってくるはずです。

また、もしかりにあなたが建築士だとしたら、「私は、建築士として仕事をしています。住宅を新築される際にはご相談ください」と話すだけでなく、「これが、最近設計した住宅です」と言って、住宅立体模型など見せるのです。

もう一目瞭然。相手は建築士としての仕事のクオリティの高さを理解してくれます。

ほかにも、使える小道具はいくらでもあります。スライドや写真、模型だけではありません。実物でもいいのです。

「こちらが来月発売になる新製品です。私はこのような製品を作る仕事をしています」

と言って実物を見せることもできます。

「私はケーキ屋を経営しています。来月発売の新作をお持ちしました。ぜひ食べてみてください」

これなら、もう忘れられないくらいインパクトのある自己紹介になりますね。

## 19

## 成果を出す人は、目に見えるものを使って相手の右脳に働きかける!

# 20 成果を出す人はからだ全体で表現し、損をする人は言葉だけで表現する。

新しく配属された上司が、新任の挨拶の最後に「……。ということで、みなさん、私と一緒にがんばっていきましょう！」と話したとします。

当然、やる気を感じます。

では、「がんばっていきましょう！」と言いながら、右手で握りこぶしを作り、上から下に勢いよくおろす動作を加えたらどうでしょう。

もっとやる気を感じませんか？

上司の熱意を感じませんか？

この上司の元で、一緒に頑張っていこうという気になります。話している内容は同じでもその動作があるのとないのとでは、印象が変わってきます。

前項で視覚効果を利用して伝える方法を紹介しました。何も相手の視覚に訴える方法は、スライドや小道具を使ったものだけではありません。

**最大の視覚効果を発揮できるのは〝あなた自身〟**なのです。

身ぶり手ぶり、つまり**ジェスチャーを使って話すことで言葉の力が増します。**

身ぶり手ぶり、ジェスチャーと聞くと、大勢の前で話す時のテクニックのように思う人がいます。もちろん、大勢の前で話をする時は必須です。

でも、それだけではありません。1対1での話や、少人数の場でもどんどん採り入れることで、あなたの話は伝わりやすくなります。

ぜひ、「話を聞いてもらう」というよりも、**「話を見てもらう」という感覚を持って、からだ全体を使って話をする**ことを試してみてください。

具体的に、どんな身ぶり手ぶりで、相手の視覚に訴えることができるでしょうか。

比較的すぐに採り入れることができるのが、次の3つのやり方です。

## ●感情や状況を示す

自分の気持ちや、その時の状況をそのまま表現します。「やったー！」「ヨッシャー」「ホント、凍えるように寒かったです」「いやぁー、合格してホッとしました」などと話しながら、ポーズをとったり、凍えているしぐさを表現したり、胸に手をあててホッとしている状況を表現します。

## ●数を示す

「1つだけお話ししたいことがあります」「なんと、売上が5倍になりました」など、手でその数を表現します。これだけで相手に強い印象を与えることができます。

## ●大きさや量を示す

大きさや量を表現する時に使います。

「このくらいの大きさでした。ちょうどサッカーボールくらいの大きさでしょうか」と言いながら、手でサッカーボールの大きさや量を表現します。

## 20
## 成果を出す人は、大人数が相手でも、身ぶりや手ぶりで話を引き込む！

1対1や少人数、あるいは会議で座って自己紹介する時など、それほどダイナミックな身ぶり手ぶりである必要はありません。

あなたの話を補足するために、効果的な身ぶり手ぶりであれば小さくてもいいのです。

いざという時にジェスチャーができるように、鏡の前で練習してみてください。自然とできるようになりますし、説得力がつきますよ。

# 21 成果を出す人は大勢の前でも1人に語り、損をする人は全員に語りかける。

1対1で自己紹介したり、2、3人のグループの中で自己紹介する機会はよくあるでしょう。たいていの人は、特に緊張することもなく普段通りに自己紹介できます。

でも、10人を超える会議とか、20人を超える大勢を前にした場面などで自己紹介をするとなると、少し様子が違ってきます。

「大勢の前に立つとあがってしまい、きちんと伝えられない」

こんな悩みを持っている人は少なくありません。

では、大勢を前にした場面では、どのように自己紹介すればいいでしょうか？

大事なのは、どこを見て話をすればいいのかということです。

「当然、聞き手を見て話すようにします！」

もちろん正解です。

では、聞き手の誰を見て話をすればいいでしょうか?

「誰って……、聞き手全員を見て話をします!」

おそらく、このような答えが返ってくるでしょう。


実はこれは間違いなのです。

よく誤解されることですが、そもそも一度に全員を見ることはできません。それに、無理して聞き手全員を見て話をしようとすると、視線が全体をスライドするだけになり、結局誰も見ていない状態になります。

これでは、言いたいことは伝わりません。

しかし、実際にはこうした話し方をしている人は結構多くいます。


では、成果を出す人は誰を見て話をするのでしょうか。

成果を出す人の第一声は、一番遠くにいる人に向かって言葉を発します。

「みなさん、こんにちは!」

そうすることで、声が大きくなり、姿勢もよくなります。

想像してみてください。かりに、一番近くにいる人に第一声を発するとなると、声が小さくなり、姿勢も前かがみになります。

そして、そのあとの言葉ですが、意味のわかる一塊の文を1人の聞き手に言い切るようにします。1人に言い切ったら次の人、また次の人というように、常に1人に対して話をすることです。

その際、大事なのが1人ひとりに語りかける気持ちです。全員に語りかけるのではなく、いつでも1対1で話をすることです。

**この方法を私は『ひとり説得法』と呼んでいます。**

**全員をいっぺんに説得するのではなく、1人ずつ説得する気持ちが大事**です。

具体的には、このようになります。

Aさんに「○○会社で営業をしている、鈴木一郎と申します」

Bさんに「30分お時間を頂いて、新製品についてプレゼンテーションを行います」

Ｃさんに「私は半年前まで、今回の新製品の開発責任者をしておりました」
Ｄさんに「ですから、社内で一番製品について理解している人間です」
Ｅさんに「ぜひ期待していてください」
Ｆさんに「では、のちほどまたお目にかかりましょう」

第一声は、あなたから見て一番遠くにいるＡさんに向けて発します。

そのあとは特に順番は気にせず、１人ひとりに語りかけます。

少し練習が必要ですが、このやり方をマスターできれば、伝わる自己紹介になりますし、大勢の前で話をすることが苦ではなくなります。

## 21 成果を出す人は、大勢の前でも、１人ひとりに語りかけるように話す！

# 22 成果を出す人は原稿をメモにして、損をする人は原稿用紙にびっしりまとめる。

大勢を前にした場面での自己紹介で、気をつけなければならないことがあります。それは、「人は緊張すると話す内容を忘れてしまう」ということです。これは、あがり症の人に限らず誰にでも起こり得ることです。

たとえば、50人のお客さんを前に、自社の新製品についてプレゼンを行うことになったとします。

まず自己紹介をしなければなりません。そこで「所属部署・役職・氏名」「プライベートな側面」「今回の新製品開発への関わり、思い」などを話すことにしました。

自己紹介する目的は「今日のテーマを語るにふさわしい人だ！」と聞き手に認めてもらうことです。

もちろん、聞き手との距離を縮めるためのアイスブレーキングという意味合いもあります。でもそれ以上に、プレゼンするに値する人であると思ってもらうことが大事です。

損をする人は、自己紹介や、プレゼンする内容すべての原稿を一字一句書きとめてしまいます。

実は、私もプレゼンデビューしたての頃は、このやり方でした。話すこと全てを文字に起こして暗記しようとしていたのです。

でも、現実的に1時間、2時間の原稿を丸暗記することは不可能です。かりに、暗記できたと思っていても、大勢の人前に立った瞬間、頭が真っ白になり言葉が出てこない、なんてこともあります。

「本日はお忙しい中お集まりいただきまして、誠にありがとうございます。私は、○○会社第一営業部部長代理の鈴木一郎と申します。本日は新製品Aのご紹介をさせて頂きたいと思っております。どうぞよろしくお願いいたします。現在、私は営業担当として新製品Aの販売促進に関わっておりまして……」

こんな原稿が延々と続くわけですから、暗記するのはとても無理ですね。

かと言って、プレゼンの壇上に原稿を持ち込めば、今度は原稿を読んでしまいます。先述の通り、原稿棒読みでは誰にも伝わりません。

では、成果を出す人はどうするのか。

**成果を出す人は原稿をメモ書きにします。決して、文章でまとめることはしません。キーワードだけを書きとめるのです。**

**これを、私は『キーワード法』と呼んでいます。**

「鈴木一郎です」「以前は開発担当」「社内で一番詳しい」「開発に5年」「あるお客さんからのクレーム」「社長の一言で変わった」「プロセス見直し」「毎日12時まで仕事」「妻からも応援」「開発担当12年の意地」と、こうしたキーワードだけをメモします。

そうすることで、丸暗記することなく、また原稿棒読みではなく、自分の言葉で語ることができます。

そして、何より気持ちを込めて語ることができます。

では、「キーワード自体を忘れてしまうことはないだろうか？」と心配する人もいることでしょう。

そこで、心配な人はプレゼンの当日はカードを持ち込むといいでしょう。片手に収まるくらいのカードを用意して、1枚のカードにキーワードを3つくらい書きます。そのカードをめくりながら話をすればいいのです。

この時大事なポイントですが、話すことを忘れたらカードを見るのではなく、いつでもカードを見て話をするようにします。

そうすることで、「カードを見て話すというのが、あなたのスタイルだ」というように思ってもらえます。

## 22 成果を出す人は、原稿は丸暗記せず、自分の言葉で語る！

# 第4章

## 相手と信頼関係を築く伝え方 編

# 23
# 成果を出す人は雑談が9割を占め、損をする人は本題が9割を占める。

私が新人証券マンだった頃の営業方法と言えば、とにかくお客さんを訪問して雑談したり、お客さんに株式相場のことをいろいろと教えてもらうことでした。

「えっ、証券マンがお客さんに教えるんでしょ？」

本来はそうかもしれませんね。


でも、考えてみてください。新人証券マンの経験と言えばわずか1年か2年です。一方、お客さんは20年、30年の大ベテラン、いわばセミプロです。

正直言って、知識では全くかないません。私がつけ焼刃の知識で話をしても、その薄っぺらさなど、すぐに見破られてしまいます。

ですから、「この株がお勧めです。ぜひ買ってください！」という言葉は、正直一度も口にしませんでした。

ひたすら、雑談と株式相場の話を聞くようにしたのです。

そうして数十分話をしていると、決まってお客さんの方から「あのさぁ、今この株見ているんだけど、いい動きしてるんだよ。これ上がるよ」という話が出てきます。

そして、私が帰る頃になり「○○さん、どうしますか？」と聞くと、「そうだな、それじゃ、明日の寄りで1万買っといて！（明日午前9時の売買開始時に1万株買いたいので、買い注文を入れておいて）」という言葉が返ってくるのです。

損をする人は、挨拶を済ませたらすぐに用件、本題に入ります。

「こんにちは、先日はありがとうございました。ところで、前回ご提案しました○○企画の件ですけど……」

あまりにもビジネスライクすぎますし、これでは言いたいことも伝わりません。

**成果を出す人は雑談に多くの時間を使います。**たわいのない話で相手との距離を近づけたり、アイスブレーキングの意味合いもあります。この雑談があることで、ビジネスをスムーズに進めることができ、この後に続く本題の話も伝わりやすくなります。

『きどにたてかけし衣食住』という言葉があります。

営業の世界では昔から使われている言葉で、雑談のネタ、会話のきっかけとなるキーワードを集めたものです。

き：季節、四季　ど：道楽、趣味　に：ニュース、新聞　た：旅、旅行
て：天気、気候　か：家族、家庭　け：健康、病気　し：仕事、アルバイト
衣：衣類、服装　食：食べ物、食事　住：居住、家

たとえば、「き」の季節や四季であれば、「いやぁ〜、昨日くらいから急に寒くなりましたね」と話をすれば、相手も「そうですね、そろそろコートを準備しないといけませんね」といった会話になります。

簡単に使えて、しかも誰を相手にしても使える汎用性の高い雑談ネタです。

ただ、逆に言うと一般的なテーマなので、会話を長く続けようとすると、あまり広がら

なかったり、深掘りができないこともあります。

そこで、相手に合わせた雑談ネタも事前に用意するようにします。

では、どんなネタがいいのか？

はずれがないのは、相手の役に立つネタ、興味のあるネタということになるでしょう。ビジネスであれば業界の裏話や、今日話そうとしている本題とは、直接関係のない周辺情報などです。

「そういえば、○○社が買収されるそうですね。業界では、結構話題になっているんじゃないですか。聞くところによると、△△社なんかにも動きがあるようですね……」

「へぇ～、△△社にも動きもあるんですか。実は、昨日の会議で話が出て『これをチャンスにしよう！』なんてことになりましてね……」

ここでも、基本はあなたが話をするというより、相手に話をしてもらうように仕向けることです。

# 24 成果を出す人は相手との共通点を話題にして、損をする人は相手の関心事を話題にする。

相手の関心事を話題にすれば、おそらく相手は身を乗り出して話をしてくれるでしょう。もちろん、それはそれでＯＫです。

相手がサッカーが好きなら、サッカーの話題を振るというのは会話の定石ですから。

でも、もしもあなたがサッカーにあまり興味がないとしたらどうですか？

相手から「それじゃ、今度サッカー観にいこうよ！」と誘われたとしても、「いいですね。ぜひ！」と返事はするものの、本心ではあまりうれしくはないはずです。

相手の関心事を話題にすることはいいことですが、もっと良好な関係を相手と築きたいのなら、共通点を話題にすることをお勧めします。

私たちは、共通点のある人に共感を覚えます。

これを**『類似性の法則』**と言います。

たとえば、同じ高校出身、同じ大学の先輩後輩となれば、それだけで相手に親近感を覚えます。

「えっ、先輩だったんですね。それは失礼しました。ところで、○○先生って覚えていますか?」

こういった話になりますよね。

それから、同じ地域の出身、親の出身地が同じ、あるいは同じ趣味を持っている、同じ店によく通っているなど、相手との共通点があればそれだけで心の距離が縮まります。

英語のLikeには、「似ている」という意味と、「好き」という2つの意味があります。誰でも自分と似ている人が好き、つまり「Like = Like」なのです。

外国に旅行にいくと、日本人を見かけただけで、何だか親近感を覚えてしまうという心理を考えればよくわかると思います。

ですから、**成果を出す人は相手との共通点を探し、それを話題にしています。**

お互い野球好きなら、野球の話をすることで盛り上がりますし、相手との関係もより親密になり、言いたいことも伝わりやすくなります。

こうした相手の情報は事前につかんでおく必要があります。最近はＳＮＳが流行っていますから、相手の情報を調べるのもそれほど難しくありません。そうした事前情報があるだけでグッと距離が近づいていくことでしょう。

ただ、これは偶然出会った初対面の人には通用しません。

では、そういう時はどうすればいいのでしょうか？

その場で共通点を見つける方法も、ないわけではありません。

私は、セミナーや研修の中で、よく相手との共通点を探すゲームを行います。２人ペアで話をしながら、相手との共通点を制限時間内にたくさん出してもらうのです。

ペア対抗のゲームにすることで、みな必死になって制限時間に探そうとします。その過程で相手と仲良くなることもできますし、たまにレアな共通点があると、それだけで相当親密な関係になれます。

いままでに実際にあったものは、誰でも参加できる公開型のセミナーの場ですが、隣同士に座った相手と生年月日が年までまるっきり同じとか。あるいは、隣に座った相手が、中学校時代のクライスメイトだったということもありました。

相手や状況にもよりますが、ゲーム感覚で共通点を探すことができるようであれば、ぜひ試してみてください。

成果を出す人は相手との共通点を探すことに意義を感じているのです。

## 24 成果を出す人は、相手と共通の話題で仲良くなる!

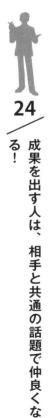

# 25

## 成果を出す人はほめ上手、損をする人はおだて上手。

「〇〇さんって字が上手ですね～。それじゃあ、このあて名書きもお願いしますよ」

相手を喜ばせて何かやってもらおうという、自分中心で下心ありありです。

損をする人は、相手のご機嫌をとろうとしておだてます。しかし、それではお調子者、口が軽いと見られるだけです。

一方、**成果を出す人はほめ上手です。**

アメリカの心理学者ウィリアム・ジェームズによると、人は誰でも、自分は重要な存在でありたいと思っていると言います。他人に認めてもらいたい、つまり自己重要感が人の要求の中で特に強いと言うのです。

ですから、「あなたは重要な存在ですよ」と伝えることができれば、相手の自己重要感を満足させることができます。

それには、相手中心に考えて、いいところを探そう、いい面を引き出そうという気持ちが大切です。そして、ほめることです。

相手をほめる時に特に重要なことは、「本心からほめてくれているんだ、うれしいなぁ」と相手に感じてもらうことです。

そうすれば、相手も素直にその言葉を受けとってくれます。

では、どうやって上手に相手をほめたらいいでしょうか？

「○○さん、いつも企画書を書くのが早いですね！ 本当にすごいと思います」

このように、心の底から、そして感情を込めて伝えることができれば、それだけで相手には通じるものです。

でも、こうした感情表現が苦手だという人もいます。実際、多くの人はほめるのが苦手だし、ほめられるのも苦手です。

そういう人は、次に紹介するほめ方のテクニックを使ってみてください。

## ●事実をほめる＋理由＋質問

まず、事実をほめます。

「〇〇さん、いつも企画書を書くのが早いですね！」

そのあと、ほめた理由を話します。

「1日で書き上げるなんて、私にはできないことですから」

そして、質問します。

「早く書くコツって何ですか？　どうすれば早く書けるようになるんですか？」

この順番でほめることで単なるおだてではなく、本当にほめていることが伝わります。

## ●第三者の言葉を借りてほめる

「〇〇さん。そういえばこの間、課長がほめていましたよ。『いつも企画書を早く仕上げてくれるから助かるよ』って」

その場にいない第三者の言葉を借りてほめることで、かえってリアリティーのある話になります。

「そうか、課長は私のことを評価してくれているんだ」と嬉しさも倍増します。

これを『ウィンザー効果』と言います。

### ●関心を示す＋質問3回

ほめることなくして、ほめるやり方です。どういうことかと言うと、相手に関心を示して、そのあと質問を3回繰り返すことで、ほめたのと同じ効果があります。

まず、関心を示します。

「企画書完成ですか！」

そのあと、3回質問します。

「1日で書き上げるコツって何ですか？」「昔っから文章を書くの早いんですか？」「僕でも早く書けるようになりますかね？」

ほめるのが苦手だからと言って敬遠するのではなく、まずはこのテクニックを使いこなすための練習をしましょう。

## 25 成果を出す人は、上手にほめて、相手の自己重要感を満たす！

# 26

## 成果を出す人は相手を「○○さん」と呼び、損をする人は相手の名前を呼ばない。

予約していたレストランに入ると、たいていの場合、お店の人から挨拶されます。

「いらっしゃいませ、○○さま。お待ちしておりました」

何だか特別扱いされたような、少しリッチな気分になります。

では、こう挨拶されたらどうでしょうか。

「いらっしゃいませ、お待ちしておりました」

先ほどの言い方に比べたら、とても普通に聞こえてしまいますね。これではリッチな気分にはなれません。

損をする人は、相手の名前を呼ばず用件のみで済ませようとします。日常の場面であれば、このようなことはよくあります。

「あの～、すみません。ちょっとお願いしていいですか」

「今回の納期の件ですが、３日後ということでお願いします」

「こんにちは。最近天気がいいから、気分まで前向きになりますね」


一方、成果を出す人は相手の名前を呼びます。

「○○さん、すみません。ちょっとお願いしていいですか」

「○○さん、今回の納期の件ですが、３日後ということでお願いします」

「○○さん、こんにちは。最近天気がいいから、気分まで前向きになりますね」


わずかこれだけの差ですが、受ける印象はかなり違います。ほんのちょっと言葉を加えるだけで、話は伝わりやすくなります。

用件だけでなく、プラス相手の名前を呼ぶこの方法を、私は**『プラスワンの法則』**と呼んでいます。

「本当にそれだけで印象が変わるのかな？」

そう思う人もいるかもしれません。

たとえば、こんな経験はないでしょうか？

何年かぶりに偶然会った相手から、突然名前を呼ばれたという経験が。

あなたはとうの昔に相手の名前を忘れているのに、相手はちゃんとあなたの名前を覚えてくれていた。

「えっ、覚えているの。うれしい！」

こうなるのではないでしょうか。

やはり、名前を呼ばれるととても嬉しいものです。


私も普段行っているセミナーや研修では、受講者の名前で呼ぶようにしています。

「○○さん、ここまでで何かご質問はありますか？」

「○○さん、△△についてどう思いますか？」

「○○さん、AとBのどちらがいいですか？」

そうすることで、セミナー・研修を通じて受講者との関係がどんどんよくなっていくのです。

## 26 成果を出す人は、相手の名前を呼んで心理的な距離を縮める！

私たちが耳にする言葉の中で、最も心地いいと感じるのは自分の名前です。ですから、会話の中で、どんどん相手の名前を呼ぶといいでしょう。

そうすることで、先述した**相手の〝自己重要感〟を満足させることもできますし、その他大勢の1人ではなく、あなたを見ているということも伝わります。**

ちょっとした依頼ごとをする時はもちろん、ふだんの挨拶から名前を呼んで習慣化することをお勧めします。

成果を出す人は効果的に相手の名前を呼びます。

# 27

## 成果を出す人は相手と45㎝離れて話をし、損をする人は30㎝の距離で話す。

エドワード・ホールによると、人には心理的な縄張りがあり、常に自分のスペースを保っていたいという距離があると言います。

これを『パーソナル・スペース』と言い、次の４つのゾーンに分類しています。

親密ゾーン：45㎝未満：親しい関係にある家族や恋人などに許される距離
友人ゾーン：45㎝～１２０㎝未満：友人などの個人的関係のある仲間との距離
社会ゾーン：１２０㎝～３５０㎝未満：上司や顧客などビジネス上の知り合いとの距離
公共ゾーン：３５０㎝以上：公共の場で接する他人との距離

当然ですが、常にこれだけのスペースを確保して生活することはできません。

私がパーソナル・スペースを実感するのが、仕事で新幹線や飛行機で移動する時です。隣の席に知らない人が座っていると、それだけで神経を使います。逆に、隣の席に誰もいない場合などは、とてもリラックスできますよね。

それに、満員電車やエレベーターなどでは、隣の人との距離は数センチなんてこともありますから、そんな時は、やはりストレスを感じますね。

損をする人は、こうした距離を意識しないで話をします。

というより、パーソナル・スペースには個人差があるのですが、自分にとっての距離は意識しても、相手にとっての距離はまず意識していません。

さほど親密ではない相手に30㎝の距離で接して、相手に嫌がられてしまった、なんてこともあります。

たとえば、同じPC画面を見ながら作業したり、打ち合わせをしている時などは特に注意が必要です。どうしても相手との距離は近くなりますし、画面をもっとよく見ようとしてさらに距離が縮まってしまいます。

もし、相手にとってのパーソナル・スペースを侵していたら、相手は不快な感情を抱くでしょうし、仕事にも集中できません。

一方、成果を出す人は、**相手のパーソナル・スペースを意識して話をします。**

たとえば、商談ではその段階にあわせて座る席を決めています。

初対面の相手や商談が始まったばかりの段階では、真正面の席には座るのではなく、斜めの席に座ります。

一般的に、パーソナル・スペースは前方向に広い傾向があり、縄張り意識が強くなります。ですから、真正面の席ではその範囲に入ってしまうのです。

そのため、パーソナルスペースを侵さないよう、正面の位置を避けているわけです。

こうして相手と一定の距離をとりながら、リラックスした雰囲気で商談を進めていきます。

そして、商談も佳境に入った頃を見計らって、おもむろに真正面の席に移動して決断を促すのです。

「……ということで、今回はこの条件でよろしくお願いします！」

あえて最後に、相手のパーソナル・スペースを侵すことで、話によりインパクトが出ますね。

これは、パーソナルスペースを利用した一例にすぎません。

「パーソナル・スペースは、立ち入ってはならない相手の縄張り」と考えるのではなく、その特性を上手く利用する方法は他にもあります。

そのためには、相手のパーソナル・スペースがどの程度なのかを常に意識する必要がありますし、また正面からではなく横や斜めの空間から距離を縮める、といったことを考えることも大切です。

相手のパーソナル・スペースを探ってみましょう。

## 27 成果を出す人は、相手との絶妙な距離のとり方を心得ている！

# 28

# 成果を出す人は自分の弱みを得意げに話し、損をする人は得意なことを話す。

同僚のAさんが言いました。

「昨日、客先でのゴルフコンペに参加して80切ったんだ。これで80を切ったのは5回目だけど、気分いいね。やっぱり、レッスンプロについて練習しているからさぁ。えっ、順位？　もちろん優勝したよ」

今度は、同じく同僚のBさんが言いました。

「昨日、客先でのゴルフコンペに参加したんだけど、またも120切れなかった。練習はしているんだけどね。子供のころから運動神経がよくなくって、それが僕の弱点……。順位？　もちろん最下位だよ。アッハッハ」

あなたなら、AさんとBさん、どちらに好感を持ちますか？

人は誰でも、得意なことや自慢できることを話したがります。でも、相手はそんな自慢話にはうんざりしています。まして、上から目線で得意げに話をしていたら「だからどうしたの？」と聞き返したくなります。

これでは言いたいことも伝わりません。

**成果を出す人は、自分の弱みをさらけ出します。**

普通、家族や友人などの親しい関係の人には弱みを見せても、初対面の人やつき合いの浅い人の前では、なかなかそうもいきません。なぜなら、それによって自分の評価が決まってしまったり、一段低く見られるのを嫌うからです。

だからこそ、相手に弱みを見せる意味があります。

「見た目は切れ者という感じでも、話してみるといろいろ失敗もしているし、案外悩みも多い人なんだ」

このように、**人間味を感じてもらえた方が、話を聞いてもらいやすくなりますし、相手の心のバリア、警戒感を解くことができます。**

**可能な限り、弱みや、失敗した経験などについて自己開示をした方がいい**のです。

では、どういうふうに自分の弱みを見つけたらいいのでしょうか？

『ジョハリの窓』を知っている人も多いことでしょう。もともとは自己成長を促すためのフレームワークですが、それをもとに探していくのです。

①「自分も他人も知っている自分」
②「自分は知っているが他人は知らない自分」
③「自分は知らないが他人が知っている自分」
④「自分も他人が知らない自分」

この４つのマトリックスに自分自身を当てはめていきます。

このように一度時間をとって「自分は知っているが他人は知らない自分」について整理しておくことをお勧めします。

私はセミナーや研修の冒頭に自己紹介をするのですが、その中で自分の弱み、失敗談などを話します。それに、受講者に配布する『講師プロフィール』にも、弱みとなるようなことを盛り込んでいます。

たとえばこんな感じです。

「私は大学卒業後、証券会社に入社しました。同期が200人いたのですが、私の営業成績はなんと150位以下でした。自信を持っていた私としては大ショックです。そうした状況が1年近く続いたあと、ついに見かねた課長が……」

あなたも自分の失敗談や弱みも開示できるようにしましょう。もちろん、自己紹介以外にも使えます。

ただ一点、注意点があります。くれぐれも堂々と弱みを話しましょう、ということです。相手に卑屈に話していると感じられてしまうと、逆効果になります。「自慢げに堂々と」がポイントです。

## 28 成果を出す人は、自分の弱点を堂々と自己開示する！

# 29
# 成果を出す人は「それで?」を返し、損をする人は「だから?」で返す。

あなたが言いました。

「昨日、富士山に登ってきましたよ」

それに対して、相手が言いました。

「そう～、富士山に登ったの。いいね。だから?(どうしたの)」

以上、これで会話は終了です。


あなたが言いました。

「昨日、富士山に登ってきましたよ」

それに対して、相手が言いました。

「そう～、富士山に登ったの。いいね。それで?(どんな感じだった)」

このように返してくれれば、あとの会話も続きます。

恐れ入りますが
52円切手を
お貼り下さい

郵便はがき

112-0005

東京都文京区水道2-11-5

# 明日香出版社 行
プレゼント係

感想を送って頂いた方10名様に
毎月抽選で図書カード（500円）をプレゼント！

## ご注文はこちらへ

※別途手数料・送料がかかります。(下記参照)
※お支払いは〈代金引換〉です。(クロネコヤマト)

| | | |
|---|---|---|
| ご注文<br>合計金額（税込） | 1500円以上 | 手数料230円 |
| | 1500円未満 | 手数料230円＋送料300円 |

| ご注文書籍名 | 冊数 |
|---|---|
| | |
| | |
| | |

弊社WEBサイトからもご意見、ご感想の書き込みが可能です！

明日香出版社HP http://www.asuka-g.co.jp

愛読者カード　弊社ＷＥＢサイトからもご意見、ご感想の書き込みが可能です！

| この本のタイトル | | | | | 月　日頃ご購入 |
|---|---|---|---|---|---|
| お名前《ふりがな》 | 性別 | 男 女 | 年齢 | 歳 | |
| ご住所　郵便番号（　　　　）　電話（　　　　）<br>都道府県 | | | | | |
| メールアドレス | | | | | |

商品を購入する前にどんなことで悩んでいましたか?

何がきっかけでこの商品を知りましたか?　① 店頭で　② WEBで　③ 広告で

商品を知ってすぐに購入しましたか?しなかったとしたらなぜですか?

何が決め手となってこの商品を購入しましたか?

実際に読んでみていかがでしたか?

ご意見、ご感想をアスカのホームページで公開してもよいですか?
① 名前を出してよい　② イニシャルならよい　③ 出さないでほしい
①と②を選択していただき誠に有難うございます。
ホームページに いいね！ と twitter があります。
ぜひポチッをお願い致します。

●その他ご意見・出版して欲しいテーマなど

●感想をお聞かせ下さい
① 価格（高い・安い・ちょうど良い）　③ レイアウト（見にくい・見やすい）
② 装丁（悪い・良い・普通）　④ 総評（悪い・良い・普通）

*ご記入いただいた個人情報は厳重に管理し、小社からのご案内や商品の発送以外の目的で使用することはありません。

「よかったですよ、やっぱり心が洗われるというか……」

成果を出す人と損をする人の違いは、話をする以前に、まず聞き上手であるかどうかで決まります。

あなたが相手の話を聞けば、相手もあなたの話を聞こうとしてくれます。やっぱり、ここでも『返報性の原理』が効いてくるのです。

では、どのようにして聞き上手になればいいのでしょうか？

## ● 相手の話を否定しない

まず大前提ですが、相手の話を否定しないことです。

「それは違うんじゃないの！」
「そう言っても現実を見ないと……」
「いつも同じような話をするよね」
「もっと頭使って考えろよ」

こんなことを言われたら、相手は話す意欲を失ってしまいます。

相手の話を必ずしも肯定するする必要はありませんが、一旦受け入れるという姿勢は必要です。

## ●相手が話しやすい状況を作る

相手が話しやすい状況を作ることです。

そのために大事なポイントが、先述のように相手の話に対して「うなずき」「あいづち」を入れて聞いているサインを送る方法です。


それから『バックトラッキング』も有効です。

『バックトラッキング』とは、相手の言ったことを返すことで、聞いているサインを送り、なおかつ聞いたことに間違いがないかを確認する意味もあります。

「先週、北海道に行ってきました」と相手が話したら、「そうですか、先週北海道に行ったんですか」と、そのままの言葉で返すのです。いわゆるオウム返しですね。

他にも、相手の話がひと段落したら、ここまでの話をいくつかのポイントに要約して返すという方法もあります。

「なるほど、そうでしたか。北海道では、美味しい食べ物、広大な自然、そして人々のやさしさ、この3つに感動されたわけですね……」

## ●具体的な質問をする

そして相手に質問することです。具体的に掘り下げる質問をすることで相手はどんどん話をしてくれます。

相手の話に関心を持って「それで？（どうしたの）」と質問すれば、深い話に展開していきます。その他にも「たとえば？（どんなこと）」「というと？（つまりどういうこと）」「きっかけは？（何だったの）」「どうやって？（やったの）」など、相手に問いかけてみることです。

# 第5章

## 文章の書き方 編

# 30 成果を出す人は1人に向けて書き、損をする人は万人に向けて書く。

たとえば、ブログなどで情報発信してみようと考えたとします。

テーマは「お金の賢い貯め方！」に決めました。その時、まず考えるのがターゲットですね。誰に対して情報発信していくのか、ということです。

そこで、どうせなら多くの人にブログを見てもらいたいと思い、ターゲットはある程度広く考えます。

・20代から40代のサラリーマン
・25歳から45歳までの独身サラリーマン
・ミドル世代のサラリーマン

などなど、こんな具合です。

ターゲットの選定自体はこれでＯＫですが、実際にブログを書く時には少し対象が広すぎます。

損をする人は、ターゲットとなる人全員に向けて文章を書きます。できるだけたくさんの人に読んでもらおうとするからです。

でも、読んだ人の多くは、あくまで一般的な話として受けとってしまいます。「自分に語りかけている」ようには、感じないはずです。

この**「自分に語りかけている感じ」**というのは非常に大事です。

ところで、細かい話ですが、たとえば本書で読者の方に呼びかける時は、「あなた」と表現しています。「みなさん」とは表現していないのです。

なぜかと言うと、「みなさんなら、どうしますか?」と言われるより、「あなたなら、どうしますか?」と言われた方が、自分に問いかけていると受けとってもらえるからです。

あなたなら、この違いわかりますよね?

**成果を出す人はこのようにターゲットを絞り込み、1人に対して語りかけます。そうす**

**ることで、言いたいことが伝わります。**そして、文章に臨場感も加わり、読み手の共感を得ることができます。

私はこれまで何冊かの本を出版してきましたが、その都度モデル読者を想定して文章を書いています。

それは「25歳から35歳までのビジネスマン」「サービス業やIT企業などで働く人」「営業など外部の人と接する機会の多い人」というレベルではありません。

もっと絞っています。実存する特定の〇〇さんに向けて書いてきました。

以前、あるコミュニケーション系の本を書いた時は、実在する「F会社に勤めるWさん」という当時27歳のビジネスマン」に向けて書きました（そのことを後日、本人に伝えたところ、とても驚いていました）。

Wさんが普段から抱えているコミュニケーションに関する問題を想定し、それを解決するための方法をいろいろ書いたのです。もちろんWさんが理解できる表現方法や内容を意識しながらです。

Wさんと同じような悩みを抱えている人は多くいます。ですから、Wさんに向けて書くことで、他の人たちからの共感も得ることができます。

しかも、ターゲットをガチッと決めると、話題がいろいろとぶれることもなく、言いたいことが明確になるという効果も出てきます。

逆に、万人が共感する文章を書こうとすると、結局誰の共感も得られなくなるのです。

メールやビジネス文書なども含めて、あなたは文章を書く時、特定の人を想定しているでしょうか?

結局、万人に向けて書いても伝わらないだけです。

## 30 成果を出す人は、特定の1人に向けて語りかけるように文章を書く!

# 31 成果を出す人はくどい文章を書き、損をする人はシンプルな文章を書く。

「君の文章は、くどくてわかりづらいね！」

誰だってこんなこと言われたくはありません。

そのため、多くの人はシンプルでわかりやすい文章を書くよう、心がけるでしょう。

もちろん、意味のない言葉をくり返したり、接続詞が多かったり、「思います」「考えます」など文章の終わりがいつもワンパターンだったり、表現方法がくどいのはよくありません。

削れるものは削り、わかりやすくするべきです。情報を伝える文章の場合であれば、シンプルなものがいいでしょう。

しかし、相手に行動を促すためのメッセージを送ろうとするのなら、少し違ってきます。

私は、セミナーや研修の中で受講者に行動を促すメッセージを送っている、というお話はすでにしました。絶対に伝えたいことについては、伝え方を変えたりして、何度も言葉にして伝えているのです。

文章でも同じことです。

**正確に伝えたいこと、間違って伝わってはいけないことなどについては、くどいくらい何度も文字にしないと伝わりません。**

私たちは、基本的に自分中心です。人は自分の関心ごと、趣味・嗜好にあった情報はどんどん入ってきます。

しかし、自分に都合の悪い情報や関心のない情報はシャットアウトしてしまう傾向があるのです。

なので、同じ文章を読んでも、自分のいいように解釈したり、見たくない文章は無意識のうちに飛ばしたりします。

これを『認知バイアス』と言います。

往々にして、相手の話を聞いているようで、あまり聞いていなかったり、しっかり文章を読んでいるのかなと思いきや、ほとんど読んでいなかったりするものです。そのことを文章を書く時に認識しているかどうか、です。

ですから、何度も何度も同じことをくり返し伝えることに遠慮をする必要などありません。

損をする人は、くどく伝えることに対して、遠慮をしてしまいます。相手の心証が悪くなると思いがちです。

一方、成果を出す人は、たとえ心証が悪くなったとしても、大事なことは伝えなきゃならないと念を押して伝えようとします。

たとえば、期限厳守で資料を提出してもらうよう促す文章なら、5月10日という月日が目に留まるよう、微妙に表現を変えて3回表現します。

特にメールなどではサッと読み飛ばされてしまう可能性もあるので、なおさらです。

---

……ということで、今回の提出期限は、来週金曜（5／10）となります。

1．提出日：5月10日（金曜日）
2．提出物：○○○○のデータ
3．提出先：本社営業部○○

・

・

以上、来月の10日（金）が提出最終日ですが、早めのご対応をお願いいたします。

---

注意したいのは、「（提出期限を守らないかもしれないと）疑われているな！」と相手に思われないようにすることです。余計な前置きなどはつけずに、例文のようにサラッと書いたほうがいいでしょう。

**成果を出す人は「君の文章は、くどくてわかりやすいね！」と言われるのです。**

## 31 成果を出す人は、大事なことはくどいくらい何度も言葉にする！

# 32

## 成果を出す人はメールの件名にこだわり、損をする人は本文にこだわる。

朝出社してメールを開いたら、受信件数が多くて読むだけでも時間がかかりそうと思う時はありませんか？

あるいは、忙しくてメールの対応に時間がとれないということはありませんか？

そんな時は誰でも、とりあえずどんなメールがきているのかチェックするでしょう。そして、時間をかけられませんので、すぐに開封すべきかどうか、すぐに対応すべきかどうかを瞬時に判断して、重要でなさそうなものは後回しにしてしまうことになります。

当然、後回しにされたメールを送った本人は知る由もありません。

「なかなかメールの返事がこないなあ」

こんな具合にやきもきした経験を持っている人は少なくないと思います。

この時、「返事がこなかった」と相手を責める前に、自分のメールでの伝え方が悪かったために開封されなかったのかもしれない、後回しにされてしまったのかもしれないと、考える必要があります。

損をする人は、メールの本文にとにかくこだわり、開封されるかどうかまで気にしていません。

では、相手は開封するかどうかをどこで判断するのでしょう。

それはずばり、タイトルによるところが大きいのではないでしょうか。

つまり、成果を出す人はまず開封してもらうことが大事だととらえ、メールの件名にこだわります。メールに確実に目を通してもらうためには件名が大事なのです。

「次回会議の件で」「昨日の御礼」「見積もりの件で」「ご無沙汰しております」といった件名ではすぐに目を通してもらえませんし、下手をすると開封されずにゴミ箱行き、ということにもなりかねません。

そうならないために、**件名は具体的に書くようにするといい**でしょう。

・次回5月1日の営業会議でプレゼンのお願い
・4／23ご来社頂いた御礼
・A社向け見積金額でご相談

こんなふうに、一目で何についてのメールなのかがわかるようにします。一目でわかる件名にすることで、少なくともゴミ箱行きは避けられますし、返信してもらえる可能性が高まります。

それ以外の効用として、相手からすれば、どんな内容のメールなのかが一目でわかれば、何をどう返答すればいいかもわかるようになります。

あとは、誰からのメールなのか、差出人名についても注意しましょう。

多くの人は「件名」と「差出人名」のセットで、今すぐ開封するか、後にするかといった判断をしています。ですから、一瞬で差出人が誰なのかがわかった方がいいのです。

やはり、送信者の名前は「motoakiKurumazuka／Breakvision」とするより、日本語で「車塚元章／ブレイクビジョン」とした方が見やすいですね。

こうして開封してもらう状態ができてはじめて、本文にも気を使います。

メールの文章は、特に丁寧に書くことを心がけます。

「次回の営業会議ですが、いつものように10分前に会場にお集まりください。時間も場所も同じです」

これではダメです。もっと丁寧に書きます。

「次回の営業会議（6／1金曜日開催）は、15：00からB会議室にて開始予定です。そこで、開始10分前には会場にお集まりください」

書いている本人には当たり前のことでも、相手が同じように解釈してくれるとは限りません。メールはもともと勘違いや、誤解が起きやすいツールであることを前提に、「くどく書く」「丁寧に書く」ことです。

成果を出す人の視点で、メールを書くようにしましょう。

**32**

**成果を出す人は、メールの件名は具体的に、本文は丁寧に書く！**

# 33

# 成果を出す人は文章を熟成させ、損をする人は新鮮さで勝負する。

言うまでもなく、クイックレスポンスはビジネスでは鉄則です。ですから、できるだけ早く文章を書いて相手に伝えることはとても大事なことです。

メールであれば24時間以内に返信することを心がけている人も多いことでしょう。

たしかに、緊急に返事が必要なメールならば、すぐに返信をしなければなりません。

しかし、だからと言って、書いた文章を見直しもしないで「完成品」としてしまうのは、ちょっとNGです。

損をする人は、どんなメールに対しても早急に送らなきゃと思い、書いた文章をそのまま相手に送ってしまいます。

たとえば、このようなメールを書いて即送信ボタンを押してしまいます。

「……ありがとうございましたた。また新めてご連絡板します」

もちろん、どこが誤りかすぐにわかりますね（3か所あります）。

受けとった相手は、あまりいい印象を持たないでしょう。ほんの少しのミスですが、それだけで「いい加減な人」「仕事が雑な人」といった印象を持たれることになります。

成果を出す人は、文章を熟成させます。

つまり、**文章を書き終えたら少し寝かせるのです。時間をおいて改めて見直すことで、誤字脱字を見つけたり、文章全体を俯瞰することで適切な表現に変えたり、要は相手にわかりやすい文章に仕上げます。**

私はこれを**『文章の熟成作用』**と呼んでいます。

ある程度まとまった文章なら、1日は熟成させたいところです。

たとえば、私が1冊の本を書く場合、毎日少しずつ新しい原稿を書きます。それが2、3か月続くことになります。そして並行して、これまでに書いた原稿を何度も見直し、毎日手を加えているのです。

ですから、原稿締め切り近くになると、新しい原稿を書く時間より、見直しの時間の方が長くなることもあります。つまり、それだけの手間をかけなければ、伝わる文章にはならないということなのです。

こうした見直し作業ですが、可能であれば紙に印字してチェックすることをお勧めします。ＰＣの画面で見た場合と、紙に印字して見た場合では違って見えることがよくあります。

それから、他の人にもチェックしてもらえれば理想的です。自分では気がつかない点を指摘されることで、さらに完成度が高まります。

ただ、メールの場合どうかと言えば、長い熟成期間をとることはできません。せいぜい数分から数時間程度でしょう。それに、紙に印字したり、他の人に見てもらうことも現実的ではありません。

それでもいいのです。

とにかく、文章を書き終えたらすぐに送信ボタンを押すのはやめましょう。数分でいいので一度寝かせてみてください。

書いたメールはいったん保存します。そして他のメールを書いたり、あるいは他の作業をして時間をおきます。こうして頭の中を少しリフレッシュしたところで、保存しておいたメールを見直し、修正が必要なら少し手を加えるのです。

「これは誤解を招くかもしれないな……」

「少し説明不足かもしれないな……」

こんなふうにいろいろと気づくでしょう。メールは熟成させるものと覚えましょう。

あと、どうしても「メールでは伝えにくいかも」とか、「早急に返事をほしがっている」と感じた時には、電話をして伝えるというのも手です。常にメールで返さなくてもいいのです。成果を出す人はメールと電話をバランスよく使い、伝えています。

ただ、電話の場合、相手の今という時間をとってしまうので、配慮を忘れずに。

## 33 成果を出す人は、メールを書いたら、少し時間を置いてから見直す！

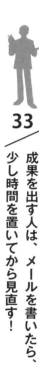

# 34 成果を出す人は見せる文章を書き、損をする人は読ませる文章を書く。

損をする人は、相手に文章を読んでもらおうとして〝読ませる〟文章を書きます。

「文章は読んでもらうもんだから、当たり前なんじゃないの！」

たしかにそうなのですが、たとえいい文章だとしても、紙一面に文字がぎっしりと埋め尽くされた報告書や資料では、読むのも大変です。

それだけで、ストレスになります。

一方、成果を出す人は、〝見せる〟文章を書きます。

文章はパッと見が大事だと考えています。ですから、**相手の視覚に訴えるように書く**のです。

ところで、「読ませる文章」と「見せる文章」の違いはわかりますか？

はっきり言って、まるっきり違います。

「読ませる文章」とは、一字目から順番に読み進めていくための文章です。文章力があれば、読み手の関心をグイグイ引っ張っていきます。そのため、これは、文章に自信がある人もしがちです。

「見せる文章」とは、パッと見でおおよその主旨がつかめる文章です。

こう言うと、どちらも悪くないように思いますが、ビジネスの場においてはやはり迅速な対応が必要です。

そうなるとやはり、**一字一句熟読しなければ理解できない文章より、一目見て書かれている内容がザックリとわかる文章がいい**のです。

そうすることで、相手は隅々までじっくり読むべき内容なのか、そうではないのかを一瞬で判断したり、どの部分を特に注意深く読むべきなのかがわかります。

もちろん、作家志望者なら「読ませる文章」を目指すべきではありますが……。

そこで、〝見せる〟文章を書く2つのコツについて見ていくことにします。

まず1つは、**見やすいレイアウトにすることです。**

適度な行間を空けることです。そうすれば、相手は文字の詰まった読みにくそうな文章という印象ではなく、読みやすそうだなと感じてくれます。

また、どの部分にどんな文章が書かれているのかが何となく見えてきます。

特にメールなどでは、一行の文字数も少なくして、タテ方向にサッと流し読みができるようにするといいでしょう。

2つ目は、**強調するポイントを明確にすることです。**

たとえば、キーワードや強調したいポイントを太字にすることで、相手が読みやすく、理解しやすくなることを心がけます。

それから、文章の内容をイメージで理解できるようにイラストを入れたり、写真を入れてもいいでしょう。

少し理屈っぽい内容の場合には、話の内容を図解したり、画像を添付したり、フレームワークを使って整理したり、構造化したりすると、さらにわかりやすくなります。

なかでも、強調するポイントを明確にする方法の中で、比較的簡単にできるのが、箇条書きにするやり方です。

でも、ただやみくもに箇条書きにするのではありません。箇条書きにもルールがあります。

・各項目の順番は、時系列、重要度、難易度などで決める
・各項目の内容、項目の大中小を一定のレベルに合わせる
・各項目の文の長さ、表現の仕方などに統一感を持たせる

こうした点に留意することで「見せる文章」に一歩近づきます。

**成果を出す人は、文章力を求めない書き方を心がけています。**それでいいのです。ちょっとした工夫で格段に伝わりやすくなりますので、あなたも身につけてみてください。

## 34 成果を出す人は、相手がパッと見てわかるような「見せる文章」を書く！

# 35

# 成果を出す人は抜けもれなく文章を書き、損をする人は抜けもれが多い。

「これ、やっておいてくれる？　お願い」

こう言えば通じたことでも、文章ではそうはいきません。

直接会って話をする延長で文章の構成を考えると、相手に正確に伝わらないこともあります。

もっと詳しく、わかりやすく書かなければ、相手にはなかなか伝わらないということもあるでしょう。

そこで、冒頭の文章を変えてみます。

「○○さん、今日の3時までに、○○レポートを作成してください。作成次第、私あてにそのデータをメールしてください。よろしくお願いします」

5W2Hと言えば、文章を書くための基本中の基本です。

その5W2Hのうち、When（いつ）、Who（誰が）、What（何を）の3つの要素を入れるだけで、かなり具体的になりました。

やはり、話し言葉と文章とでは根本的に違うのです。

あうんの呼吸や、肌で感じるといったことがないので、細かな表現や微妙なニュアンスまで文章で表現するようにします。

損をする人は、感覚で情報集め、感覚で文章を書くので、抜けもれが多くなりがちです。

一方、**成果を出す人は基本に忠実に5W2Hを使って抜けもれがないかを確認しながら、文章を書きます。**

ところで、5W2Hとは、次の7つのことです。

When（いつ）：年月日、時間、期限など

Where（どこで）：場所、位置、住所など

Who（誰が）：対象者、担当者、責任者など

What（何を）：用件、依頼事、報告内容など
Why（なぜ）：理由、目的、根拠など
How（どのように）：方針、方法、手段など
How much（どれだけ）：予算、金額、数量、人手など

「いちいち、5W2Hを考えながら書くと、時間ばかりが過ぎていくよ」というふうに感じるかもしれません。

もちろん、どんな時でも、この7つの要素がすべて必要というわけではありません。ただ、この視点に沿って文章を構成することで、抜けもれのない文章になります。抜けもれ防止のためのフレームワークと考えればいいですね。

一度書いた文章を見直す際に、5W2Hでチェックし、足りないものはつけ加えるというふうに考えてもいいでしょう。

私たちは、何事に対しても得意不得手、好き嫌いがあるものです。文章を書く時も同じで、どうしても偏りやクセが出てしまいます。まず、私たちはそれを認識する必要がある

のです。

くり返しますが、いつでも５Ｗ２Ｈを意識して情報収集したり、文章を書くようにすれば抜けもれがなくなります。

最初は面倒だと思われるかもしれませんが、徐々になれてきて、スピーディーに書けるようになっていきます。

一度、５Ｗ２Ｈで書くのを習慣づけしてみてはいかがでしょうか。

これも文章力を問いませんし、着実にわかりやすい文章が書けるようになっていくことでしょう。

## 35 成果を出す人は、基本の５Ｗ２Ｈで、抜けもれのない文章を書く！

# 第6章

## 報告・連絡・相談 編

# 36 成果を出す人はメールで報告し、損をする人はいつも直接報告する。

以前、私にはA君という部下がいました。仕事はまじめにとり組み、言われたことはきちんとこなす。それに、何と言っても仕事がとても丁寧なのです。

ある時、私が出張から戻り3日ぶりに出社すると、A君は待ち構えていたかのように、こう切り出しました。

「今、お時間よろしいでしょうか？」

「いいよ」

「先日○○社に訪問した結果を報告させてください」

「あぁ、それね。うん、わかった」

「今回の○○社訪問の目的は2つありました。1つは……、次に……。まず、1つ目ですが……、（3分経過）ということで、訪問の目的を十分果たすことができました」

A君の報告はいつものように論理的で、とてもわかりやすいものでした。

上司への報告は、直接口頭で行うのが基本です。ですから、A君は基本を忠実に守って報告したことになります。本来ならこのやり方でOKです。

でも、私には少し違和感がありました。タイミングもそうなのですが、何よりここまで丁寧な報告を求めていなかったのです。

私が出張前にA君に指示したのは、○○社に訪問してセミナーパンフレットを渡し、参加の意思を確認する、ただそれだけでした。出張中の私にとって、この程度の報告ならメールで十分ですし、さらに言えばもっと早く報告してほしかったものでもあります。

「そうか、ご苦労さま。（沈黙）ところで、A君さぁ……」と、この報告のあと私は思わず説教を始めてしまいました。

このように、上司が求めている報告のレベルと、部下が行う実際の報告のレベルが合っていないことはよくあります。

もちろん、手抜き報告では困りますが、丁寧すぎるのもまた困るのです。これは報告に限ったことではなりません。仕事は過少品質でもダメですし、過剰品質でもよくないのです。やはり適正品質が一番です。

丁寧な報告がいい報告とは限りません。上司が期待しているレベルの報告でなければ言いたいことは伝わらないと考えるようにしましょう。

**報告のコツは、上司が知りたい情報を、知りたいレベルで伝えること**です。

たしかに、「一生懸命にやりました」ということを上司にわかってもらおうとするあまり、私たちはつい多くのことを報告したくなってしまいます。

でも、それは上司にとってはあまり意味がないのです。

先ほどのA君のケースでもそうです。

私の関心事は、○○社がセミナーに参加するのかどうなのかということです。ですから「本日○○社を訪問し、セミナーパンフレットを手渡ししました。先様は、ぜひ参加したいとの意向です」と、その日のうちに簡単なメールで報告してくれていたら、私としても次の展開を考えることができたのです。

でも、A君としては丁寧な報告をしようと思ったのでしょう。私が出張から戻ってくるのを待って直接報告をする、というミスマッチが起こったわけです。

結局、A君の話は私に伝わらなかったということになります。

報告には、書面による報告と口頭による報告があります。書面であれば、報告書・レポート、決められた報告書のフォーマット、メール、メモなどがあります。口頭であれば、直接会って話すか、電話、スカイプなどでもいいでしょう。

**成果を出す人は、上司からの指示があったら、まずその時点でどのような方法で報告するべきなのかを決めています。**そして、もし迷ったら上司に確認しているのです。

ぜひ、過少品質でもなく、過剰品質でもない適正品質での報告を心がけてください。そうすれば、あなたの伝えたいことは必ず上司に届きます。

## 36 成果を出す人は、上司が知りたい情報を、期待している方法で報告する！

# 37 成果を出す人は最初に「相談があります！」と言い、損をする人は最後に「どうしますか？」と尋ねる。

「部下の報連相がなっていない」という意見をよく聞きます。上司と部下の関係で、報連相の悩みはつきません。往々にして感じるのは、報連相についての認識の違いではないかということです。

一例を挙げてみましょう。

部下：「課長、今よろしいでしょうか？」

課長：「少しならいいぞ」

部下：「ありがとうございます。先日訪問したA社の件ですが、先方の社長と面談することができました。いろいろと話をして、新製品にとても関心を持ってもらうことができました。そこで、今度具体的な提案をしてほしいということなのですが、どうしたらいいでしょうか？」

課長：「えっ……（君はどうしようと思っているわけ？）」

この部下は損をする人の典型です。相談の最後に「どうしますか？」と尋ねています。

一方、成果を出す人ははじめから違います。

部下：「課長、A社への提案の件で相談があります！」

課長：「どうした？ 今ならいいぞ」

部下：「ありがとうございます。先日訪問して、社長と面談することができました。いろいろと話をして、新製品にとても関心を持ってもらうことができました。そこで、今度具体的な提案をしてほしいということなのです」

部下の「ありがとうございます」以降の文は、前とあまり変わりませんね。次はこう展開します。

部下：「私は、以前B社に行った提案と同じ内容がいいかと思っていますが、ぜひ課長の意見を聞かせてください」

課長：「おーそうか、よかったな。それじゃ……」

上司への報連相で大事なことは、**まず報告なのか、連絡なのか、相談なのかをはっきり伝えること**です。

成果を出す人は「相談です」と宣言していますね。そうすれば、「おお、相談なのか」と上司の心構えもできます。

次に、相談するに至った背景など、現在の状況を詳しく説明します。

そのあと、「私はこう考えます」「私はこうしたい」といった、あなたの意見、考え、思いを話します。そして、最後に上司の意見を求めるのです。

相談の場合は、次の手順で話をしましょう。

①「何の相談か」
②「現状の状況」

③「私の考え」
④「意見を求める」

上司に頼ってお伺いを立てるということではなく、しっかりと自分の意見を持っていることが伝わります。実は、相談する上では、これが大事なのです。損をする人はこれがすっぽりと抜けています。

それに、最後に上司に意見を求めることで、上司を立てているということにもなります。

報告の場合であれば、「何の報告か」→「結論は何か」→「今後の展開」の順番で話をします。「課長、本日行ったA社へ提案について報告します。まず……、それから……という結論となりました。そこで、今後はさらに具体的な導入方法について打ち合わせをすることになり、さっそく明後日の10：00に資料を持っていくことになりました……」

これらも1つのフレームワークと考えて、報連相をするようにしましょう。

## 37 成果を出す人は、最初に何の相談かを伝え、自分の意見・考えも伝える！

# 38

## 成果を出す人は悪い報告から先にし、損をする人はいい報告からしたがる。

「怒られるかもしれない」

「自分の評価が下がってしまう」

上司に対して悪い報告をする時以上に、緊張することはありません。誰しも冒頭のような不安を抱えているものです。

ですから、報告しなければいけないという気持ちはあっても、ついつい後回しになってしまうものです。


損をする人はこう考えます。

「悪い報告はしづらい。だから、最初にいい報告をして上司の気分を少しよくしよう。悪い報告はその後だ」と。

たしかにその方が話しやすいですし、本人にとってはそれでＯＫでしょう。

しかし、上司にとってはまったく逆です。悪い報告ほど早く知りたいと思っています。

「何でもっと早く言わないんだよ！」

これが、上司の本音です。

また、損をする人はいい報告は誇張して大きく話し、悪い報告は省略して小さく話す傾向もあります。いくら都合のいいように画策してもばれますし、結局いい評価にはつながりません。


一方、成果を出す人は、まず悪い報告からします。

**悪い報告は1秒でも早くする。これは鉄則と考えてください。上司はそうした悪い報告にも対処しなければならないわけですから、**
もちろん、悪い報告をするのは勇気がいります。それは成果を出す人にとっても例外ではありません。

しかしそれ以上に、もし悪い報告をせず、対処が遅れてしまったら、どうなるかということも考えているのです。少しの勇気を振り絞れば早期解決できるものは多いのです。

そして、そのあといい報告をします。

では、悪い報告をする時は、どのような手順で行うといいのでしょうか？

まず、事実を客観的にそして冷静に報告します。

簡単に短時間で話を済ませてしまおうとせず、上司が何らかの判断をできるような情報をしっかり伝えます。

話の順番は先述のとおり「何の報告か」↓「結論は何か」↓「今後の展開」となります。特に「結論は何か」については、悪い状況に関する事実情報やその経緯を伝えます。そして、「今後の展開」については、対応策についてあなたの考えを話します。

「課長、大事な報告があります。A社からクレームの電話がありました。納品したZ製品10個のうち1つに不良があったということです。詳しくお話しすると……。そこで、まずは状況確認のため、製造部門のB主任といっしょにA社に伺いたいと考えています」

こんな感じですね。

こうして、真っ先に悪い報告をしたあと、いい報告を続けます。

最後に、それでも「悪い報告するのは怖い」という人もいるでしょう。そんな人に質問です。

あなたは、「いろいろと悩んでいたけど、実際にやってみたらとり越し苦労で、簡単にできた」という経験を味わったことはありますか？

そんな時は達成した気持ちになりませんでしたか？

実際、悪い報告をした結果、「よくぞ、伝えてくれた」と感謝されることもあります。

そんな時はきっとあなたは、「報告してよかった」と感じることでしょう。

**結局は、一歩を踏み出す勇気を適宜持つことが大事**なのです。勇気を持てず、考え悩んでいるだけでは、状況が悪化することはあっても好転することはまずありません。

成果を出す人というのは、このことを理解しています。必要に迫られ、勇気が求められる時、一歩を踏み出せるようになりましょう。

## 38 成果を出す人は、事実から目をそらさず、勇気を持って悪い報告をする！

# 39 成果を出す人は「そこで……」を効果的に使い、損をする人は「しかし……」を使う。

「私は失敗したことがない。ただ、1万通りの、うまくいかない方法を見つけただけだ」

こう語ったのは、トーマス・エジソンです。

エジソンにとっては、毎日はうまくいかない日の連続だったことでしょう。それでもめげず、前を向き続けてきたからこそ、偉大な発明家となり、後世の人間に尊敬され続けているのです。

エジソンだけでなく、松下幸之助さんしかり、本田宗一郎さんしかり、多くの人に慕われる人物はやはり、前向きに考えて行動している人ばかりです。

人はマイナス思考の人よりもプラス思考の人にひかれます。

1つの失敗にくよくよしてあきらめる人よりも、失敗しても立ち上がる人のほうに魅力を感じるのは当然とも言えます。

あなたは、人にものを伝える時、相手にプラスに感じられるか、マイナスに感じられるかを気にしたことはありますか？

おそらく、相手にマイナスに感じられてしまい、損をしていることもあるでしょう。

では、一例を見てみましょう。

「課長、新システムの導入の件について報告します。さまざまな方向から検討した結果、システムを一新することによるメリットは○○となります。しかし、予算が当初の予定よりオーバーしてしまうことがわかりました……」

このような報告を受けた上司は、予算をオーバーするならシステムの導入は無理、という判断を下す可能性があります。

肯定的な話のあとに「しかし……」と言われると、その時点でマイナスイメージを持ちます。ですから、それに続く言葉に対して上司としても少し身構えますし、批判的な気持ちを持って聞くことになります。

「課長、新システムの導入の件について報告します。さまざまな方向から検討した結果、システムを一新することによるメリットは○○となります。そこで、予算が当初の予定よりオーバーしてしまうことがわかりました……」

「しかし」を「そこで」に変えただけですが、受ける印象はかなり違います。これなら、すぐさま導入を否定されることはなく、少なくとも検討する余地ありと判断するでしょう。

「そこで……」という言葉からは、マイナスなイメージは持ちません。ポジティブあるいは、非ネガティブな気持ちでこの後の話を聞いてもらうことができます。

損をする人は、「しかし」「けれども」「でも」「とはいうものの」「ところが」といった逆説の接続詞をよく使います。肯定的な話のあとに逆接の接続詞を入れ、否定的な話に展開してしまいます。

「肯定＋否定」だと、否定的な話としての印象が強くなり、上司としても否定的な判断を下す可能性が高くなってしまうのです。

成果を出す人は、「そこで」「そのため」「ですから」など順接の接続詞を効果的に使います。**否定的な話をうまく肯定的に言い換えることができれば、「肯定＋肯定」の話となり、**上司の受ける印象も変わりますし、何より気分よく話を聞いてくれることでしょう。

また、もし逆接の接続詞を使うなら、ここぞという時に「否定＋肯定」の順に話を展開する方法が効果的です。

先ほどの例で言えば、こうなります。

「課長、新システムの導入の件について報告します。予算が当初の予定よりオーバーしてしまうことがわかりました。しかし、さまざまな方向から検討した結果、システムを一新することによるメリットは○○となります……」

プラスのイメージを持ってもらうよう、伝え方を工夫しましょう。

## 39 成果を出す人は、「そこで」を使って、ネガティブな話をポジティブに変化させる！

# 40 成果を出す人は事実と意見を分けて報告し、損をする人はごちゃまぜで報告する。

日用雑貨を販売するお店で、ある店員が店長にこのような報告をしました。何がいけないのか、ちょっと考えてみてください。

「3日前に発生した、A商品の在庫切れについて報告します」

↓

「今は他の店舗から商品を回してもらうことで解消しました。A商品は他の商品に比べてこのところ結構売れているような気がしますね。在庫切れは先月に続いてこれで2度目です。おそらく、今回の在庫切れの原因は発注担当のBさんのミスだと思います」

↓

「そこで、こうした状況にならないためにも、Bさんの再教育が必要だと考えています」

一応、「何の報告か」→「結論は何か」→「今後の展開」の順番で話をしているので、報告の仕方としては何となくいいようにも思えます。


でも、ちょっと待ってください！

在庫切れを起こった原因が、本当に発注担当のBさんにあるのでしょうか？

もしかすると、発注の仕組みや運営方法に原因があるかもしれませんし、さらに言えば、メーカー自体が在庫切れであったり、出荷トラブルなどの可能性もあります。あくまでもこの人の意見の域を脱しません。

それに、そもそも話の中身が何だかごちゃごちゃしています。

少なくとも、「結構売れているような気がしますね」という発言は事実ではなく、その人の意見ですよね。実際に売れているのかもよくわかりません。

これでは、言いたいことがまず伝わりません。

損をする人は、このような話をするのです。


では、成果を出す人はどのように話すのでしょうか？

**成果を出す人は事実情報とそれ以外の情報、つまり意見や憶測、予想、予測、想像などをはっきりと区別して伝えます。**

「3日前に発生した、A商品の在庫切れについて報告します」

↓

「今は他の店舗から商品を回してもらうことで解消しました。在庫切れは先月に続いてこれで2度目です。この3か月間、A商品は他の商品に比べて30％以上売れています」

↓

「これは私の意見ですが、在庫切れの原因はこの辺りにありそうだと考えています。そこで、在庫切れの原因をはっきりさせるために、発注担当のBさんに手伝ってもらいながら原因究明を行います」

このように報告をされれば、話の内容がすんなり頭に入ります。

意見と事実が明確になっていますね。

では、事実の伝え方のコツを紹介しましょう。

**事実情報については、極力数字を使って定量的に伝えること**です。数字を使うことで客観的にそして正確に相手に情報を伝えることができます。

「A商品の最近の売れ行きはどうですか?」

「はい、結構売れています!」

結構売れている、かなり売れている、だいぶ売れている、相当売れている、という言い方では少し曖昧です。前年対比20%増とか、先月に比べ30個多く売れているなど、数字で示します。

事実をわかりやすく伝えるために、数字を使うと考えていいでしょう。

成果を出す人は、事実と意見をはっきりさせて、報告をします。

## 40 成果を出す人は、報告は事実に基づいて行い、自分の意見と分ける!

# 41 成果を出す人は上司から指示を引き出し、損をする人は上司から指示を受ける。

「あの部下は指示待ち族なんだよね。もう少し自分の頭で考えて行動してくれないかな」

これは、多くの上司が悩んでいることです。仕事の流れをつかんで、能動的に進んで仕事をしてもらいたいと考えているのです。

とはいえ、部下にしてみればある種の疑問があります。

「これをやっても問題ないとは思うけど、勝手な行動をして本当に迷惑をかけないかな」

こんな考えが頭をよぎり、指示を受けるのが無難だと考えてしまうのではないでしょうか？

もしも自分はそういうところがあるなあと感じるのでしたら、まず、指示の受け方を工夫することをお勧めします。

では、まず基本的な指示の受け方を紹介します。

たとえば、仕事中に上司に呼ばれたとします。

「C君ちょっといいかな。やってもらいたい仕事があるんだ」

指示を受ける時の基本に従って、呼ばれたら「はい！」と返事をして、メモを持って上司のもとにいきます。要点を書きとめながら、上司からの指示内容を最後までしっかりと聞きます。

そして、最後に指示内容を復唱して、上司との認識の違いがないかを確認します。

いかがですか、指示の受け方としてバッチリでしょうか？

ここでしっかりと上司の指示を把握しておかないと、報告・連絡・相談もうまくいきません。自分のデスクに戻ってから「(返事はしたけど)さて、どうやって進めていこうかなぁ……」「まずは、Dさんに相談してみるか……」と悩んだりすることになります。

正直なところ、こんなレベルではダメなのです。

そもそも、上司も完璧ではありません。それに、数多くの部下を抱えているのならば、指示の出し方にヌケもモレもあります。

しかし、損をする人は、すべて上司任せで指示を受けます。

これでは受け身の状態ですね。

私の知り合いにも、上司からの指示に対して何にでも「はい！」「わかりました！」と言う人がいますが、本当にわかっているのかいつも疑問になります。

一方、成果を出す人は指示の受け方からして違います。

成果を出す人は上司から指示を引き出します。上司主体ではなく、**自分から指示をとりにいく、引き出すという姿勢**なのです。

ここで大事になるのが、指示された仕事内容について、**その場でゴールイメージを持つ**ということです。そして、ゴールまでの道筋をある程度描くことです。

指示を受ける時の「はい、わかりました。とりあえずやってみます！」というのが一番危険なのです。

「仕事の納期はいつなのか」

「どのような手順で進めるか」
「スケジュールはどうするか」
「誰に手伝ってもらうのか」
「アウトプットの形はどうするのか」
「報告の仕方は口頭か文書か」

こういったことを、その場で決めてしまいます。

そうすることで、報告の内容や相談の内容が的確なものになります。それに、仕事のスピードアップにもつながります。

相手に伝わる的を射たアウトプット（報告・連絡・相談）をするためには、このような指示の受け方も重要なポイントになります。

## 41 成果を出す人は、上司からの指示を受け身ではなく、主体的にとりにいく！

# 第7章

## 人を動かす、<br>人を説得する伝え方 編

# 42 成果を出す人は相手に勝ちを譲り、損をする人は自分の勝ちにこだわる。

ある営業マンとお客さんとの会話です。

営業マン：「1個600円でお願いします」
お客さん：「600円は高いね。400円にしてよ」
営業マン：「では真ん中をとって、500円ということでどうでしょう」
お客さん：「わかった、では500円で10個買うよ」

営業マンの600円という提案に対して、お客さんが400円にしてほしいと要求していました。

しかし、営業マンもお客様も自分の提案に相手を引っ張り込むことはできず、結局、お互いが100円ずつ譲歩する流れになります。

つまり利益を削って、真ん中の５００円で決まったというわけです。価格交渉ではよくあるパターンで、いわゆる痛み分けというやつです。これを『DRAW‐DRAW交渉』と言います。

でも、もっといい交渉のやり方があります。

営業マン：「１個６００円でお願いします」
お客さん：「６００円は高いね。よし、わかった。まとめて１万個を現金で支払うよ。だから４００円にしてよ」
営業マン：「えっ、１万個を現金ですか。ありがとうございます。４００円で結構です」
お客さん：「それじゃ、交渉成立ということで」

営業マンは１万個の販売に成功し、かつ現金収入を得ることができました。一方、お客さんは１個４００円で購入することができたのです。双方にとって利益のある交渉となったわけです。

これを『WIN-WIN交渉』と言います。

交渉では、お互いが自分の主張をします。
話し合いの結果、少しでも自分を優位な立場に持っていこうとして、あの手この手を考えています。

ですから、真正面から勝ち負けを意識して交渉に臨めば、相手の態度はさらに強硬になります。

そして結局、折り合いがつかず交渉決裂。あるいは、どちらかが勝者となり、どちらかが敗者となります。

たしかに、1回限りの交渉であれば、それでもいいかもしれません。
でも、こうなってしまうと、次の交渉はますますやりにくいものになります。長期に渡って相手と良好なビジネス関係を続けていこうとするなら、お互いにとって好ましくありません。

損をする人は、このように『WIN-LOSE交渉』をしようとして、結果としてLO

SE-LOSEの関係になってしまうのです。

成果を出す人は、お互いがＷＩＮ-ＷＩＮの関係になるように話を展開します。パイを奪い合うような、勝ち負け交渉をするのではありません。また、パイを単純に半分にするような、引き分けに持ち込むための交渉をするのでもありません。パイをもっと広げて分け合うという気持ちで臨んでいます。

それには、まず相手に勝ちを譲ることで、相手もそれに応えようとしてくれます。

先ほどのできる営業マンも、まず1万個買うと言って相手に勝ちを譲ってから、４００円にまけてほしいと要求しています。

**交渉とは、お互いが抱えている問題を、話し合いによって解決する手段と心得てください。**

**42**

**成果を出す人は、まず相手に勝ちを譲ることで、自分も勝者になる！**

# 43 成果を出す人はさりげなく自己主張をし、損をする人は力強く自己主張する。

たとえば、あるシステム開発会社の営業マンが、新しいシステム導入の3日前にお客さんを訪問したとします。

すると、お客さんからこのような要求がありました。

「実は、システムの仕様を少し変更したいんだけど、あと3日で何とかしてほしい」

当然ですが、ここにきての仕様変更は厳しい状況です。

あっけにとられた営業マンは、思わずこう言ってしまいました。

「いやぁ～、今からというのは難しいですね。すでにシステムは完成していますし。だいたい、どうしてもっと早く相談してもらえなかったのか不思議で仕方ありません。先月伺った時も私聞きましたよね……」

つい感情的になり、ぶちまけてしまいました。

たしかに、３日前に仕様変更を求めてくるお客さんに非があるのでしょうが、この言い方では今後の取引に影響することは確実です。

このように、損をする人は自分の主張を力強く発します。

では、成果を出す人はどのように話を展開するのでしょうか？

成果を出す人は**論理的に、そして相手の感情にも訴える伝え方**をしています。

とはいえ、あなたは「私にそれができるのかな？」と感じているかもしれません。

そこで、『**DESC法**』というフレームワークを紹介します。

これを用いることで、論理的に、そして相手の感情にも訴える伝え方ができるようになります。意識して、言いたいことを構成してみてください。

D（Describe）客観的な事実や状況を具体的に話す

E（Explain）自分の意見や考え、主観的な気持ちを話す

S（Specify）解決策や提案などを具体的に話す
C（Choose）提案した結果を肯定・否定の両面から話す

先ほどの例に当てはめてみるとこんな感じです。

「申し訳ありません。今からの仕様変更は厳しい状況です」（D）
↓
「もちろん、ぜひご要望にお応えしたいとは思っています」（E）
↓
「そこで、いかがでしょう。一旦、今の仕様のまま導入させて頂き、その後システムを運用しながら、ご要望の仕様に変更させてください」（S）
↓
「そうして頂ければ、追加費用なしで2週間程度のお時間で対応可能です」（C）

このように話をすれば、お客さんも聞く耳を持ってくれます。

まず、今置かれている事実や状況について話をします。そして、次に自分の意見や感情を伝えることで、相手の感情に訴えるのです。

そのあと、考えられる提案をします。

提案に賛同してくれれば肯定的な結果が得られるし、もし賛同してくれなければ否定的な結果を招きかねないといった話をします。

論理的な話の流れであり、かつ相手の感情を動かすことで、さりげなく自己主張する伝え方です。

最初は難しいかもしれませんが、使っていけば徐々になれてきますよ。

**43**

**成果を出す人は、論理的で、なおかつ相手の感情にも訴えかける！**

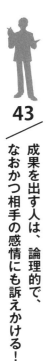

# 44

## 成果を出す人は言いたいことを3つに絞り、損をする人は思いついたことを話す。

先日、ある企業の人事担当者と話をしていた時のことです。

その担当者は30代前半で、1年ほど前に支店の営業部門から本社の人事部門に異動してきたばかりでした。

一通り雑談も終わり、その日の本題である「社内の人材育成の問題」に話題が移ったのですが、話し始めたらもう止まりません。この1年間で感じていた疑問、問題、不安、不満などを延々と語り出したのです。

「部下指導できる管理職が育ってないんです……。人材育成のする時間がないですね……。うちの部長が……。いい人材が採用できないです……。私たちの残業が……。採ってもすぐ辞めてしまうし……。予算に問題が……。年間の人材育成計画の立て方ですけど……」

私は「そうですか、いろいろありますね」と言うしかありませんでした。

この1年大変な思いをしてきたということは十分伝わりました。でも、肝心の人材育成上の問題については、あまりよくわかりませんでした。

成果を出す人は、思いついたことをそのまま口に出すことはしません。言いたいことは3つに絞ります。

「……。さて、今日の本題である社内の人材育成の問題ですが、私は3つあると考えています」

とまずは前ふりをします。

「1つは、理想の人材像が不明確だということ。2つ目は、人を育てる意識が低いということ。そして3つ目は、そもそも人材育成計画が整備されていないということです。では、まず理想の人材像が不明確だという点ですが……」

話を3つに絞るとともに、初めに「話は3つあります！」と宣言するのです。

これを私は『**3点要約法**』と呼んでいます。

**はじめに「3つあります！」と宣言することで、相手も「今日の話は3つあるのか」と心構えができます。これだけで聞く体制ができるのです。**

そうすることで、３つのポイントも相手の頭の中にすんなりと入ります。

ちなみに、この3つという点についてもこだわってみてください。２つだと少ないし、4つ、5つだと多い気がします。

ここでは、３つくらいが丁度いいのです。

とはいえ、どうしても2つしか思い浮かばなかったということもあるでしょう。それでも、「3つあります！」と言ってしまうことをお勧めします。ムリに3つ目を作る必要はありません。

「1つ目は、理想の人材像が不明確だということ。２つ目は、人を育てる意識が低いということ。そして3つ目、３つ目はですね……。その2つをトータルに考える戦略がないことです」

何となく論理的に聞こえませんか？

どうしても2つしか思い浮かばなくても「その2つをトータルに……」「その2つを総

合的に……」という言葉を使うと論理的に聞こえてしまいますね。

ただし、あくまで苦肉の策と心得ておいてください。

そうならないためにも、普段から話を3つにまとめるクセをつけておくといいでしょう。4つ、5つと出てきても、優先順位をつけて、この場は3つ伝えようというつもりで臨みましょう。

ちょっとしたことですが、伝わりやすくなります。

## 44 成果を出す人は、話の最初に「3つあります」と宣言する！

# 45

# 成果を出す人は期待効果で人を動かし、損をする人は目的＋指示で動かそうとする。

あなたには仕事の指示を与えるべき部下や後輩はいますか？

もしいるなら、普段どんな指示の出し方をしているのか思い出してみてください。


たとえば、こんな指示の出し方はどうでしょうか。

「A君、○○社に提出する企画書を仕上げておいてほしいんだ。期限は明日の午後3時まで。B社に提出した企画書をベースにしていいからな」

提出する期限や、企画書の作成方法について触れていますが、基本的には仕事の指示だけ与えています。

指示されたA君は、おそらく言われた通りに企画書を作成することになるでしょう。


では、これはどうでしょう。

「先日訪問した○○社だけど、絶対に受注しよう！（目的）そのためにA君、○○社に提出する企画書を仕上げておいてほしいんだ。期限は明日の午後3時まで。B社に提出した企画書をベースにしていいからな」

指示だけ与えるより、○○社から受注するといった目的を話すことで、A君は企画書を作成する意義を理解できます。

どのくらい重要な仕事なのかを理解できれば、モチベーションも上がり、仕事の質がよくなることも想像がつきます。

私も長年この「目的」＋「指示」という方法で指示を出してきました。

でも、実はもっといい方法があります。

成果を出す人は、**「目的」＋「指示」＋「期待効果」で話をします。**

「先日訪問した○○社だけど、絶対に受注しよう！」（目的）

↓

「そのためにA君、○○社に提出する企画書を仕上げておいてほしいんだ。期限は明日

の午後3時まで。B社に提出した企画書をベースにしていいからな」（指示）

↓

「これが決まればウチの会社にとって大きな収益になるし、君にとっても間違いなく自信につながるはずだよ。がんばろう！」（期待）

○○社の受注が決まれば、どれだけの効果が期待できるのか、それを伝えることでA君のモチベーションはさらにアップします。

**期待効果、つまり結果として何が実現できるのか、効果やメリットを具体的にイメージできるようにする**のです。

それに、上司から「君にとっても間違いなく自信につながるはずだよ。がんばろう！」と言われれば、自分は期待されている存在なんだと感じます。それがまた本人のやる気にもつながるというものです。

「人は期待されると、やる気になり、期待された方向に動く傾向がある」

このことがある実験で立証されています。

「成績のいい生徒を集めたクラス」と「成績の悪い生徒を集めたクラス」をつくり、それぞれのクラスの担任に逆のことを伝えたという実験です。

成績のいいクラスには「あなたのクラスは成績の悪いクラス」だと、成績の悪いクラスには「あなたのクラスは成績のいいクラス」だと伝えたところ、こんな結果が出ました。

なんと、「もともと成績のいいクラス」の成績は下がり、「もともと成績の悪いクラス」の成績は上がったのです。

つまり、「期待と成果は相関性があり、期待されればその分、成果が上がる」ということです。

これを教育心理学では『**ピグマリオン効果**』、あるいは『**教師期待効果**』と言います。

使わない手はないですね。

## 45 成果を出す人は、相手に期待することで、やる気をアップさせ、人を動かす！

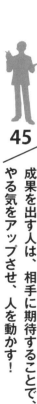

# 46

## 成果を出す人は相手に決断させ、損をする人は相手を説得しようとする。

たとえば、あなたが仲間とちょっと高めのレストランに行ったとします。

ランチのコースは３種類。１０００円、１５００円、２０００円です。

さぁ、あなたならどのコースを選びますか？


おそらく、多くの人が１５００円のコースを選ぶことでしょう。

人は何か選択肢を与えられると両極端を嫌い、真ん中を選ぶ傾向が強いと言います。それには理由があります。

ふつうは値段が高ければ品質がいいと考えますよね。値段が安すぎても質としてはどうなんだろうと疑問に思いがちです。そういうふうに考えると、真ん中が一番バランスがいいだろうと考えます。

それに、やはり、**私たちは真ん中・平均・普通が好きなんですね。**

これを行動経済学では**『極端の回避性』**と言います。

実は、これはマーケティングの手法としてもよく使われています。

『松竹梅の法則』とも言われるのですが、お客さんが『竹』を選ぶように考えて、売り出しているのです。

これは伝え方にも応用できます。

損をする人は、１つの主張しか持ちません。それで相手を説得しよう、相手を自分の意図するように動かそうと一生懸命になります。

その主張がたまたま当たればいいのですが、確率は高くはないですよね。

一方、成果を出す人は違います。**相手にいくつかの選択肢を示して、その中から選んでもらうことで自ら決断したという状況を作ります。**

たとえば、先ほどのレストランで新たに５０００円のディナーコースを始めることになったとします。

オーナー：「今度5000円のディナーコースを始めました。いかがですか？」
お客さん：「あっそうなの。でもアラカルトでいいや（ちょっと高いなぁ）」
あっさりと断られてしまいました。

でもこうすると少し違います。

オーナー：「今度ディナーコースを始めました。3000円、5000円、7000円3つのコースから選んでいただけます。いかがですか？」
お客さん：「へぇー、それじゃ5000円のコースでお願いしようかな」
オーナー：「ありがとうございます」

5000円のディナーコースを勧めたければ、「いかがですか！いかがですか！」とプッシュするのではなく、上位クラスと下位クラスのコースも設定して、お客さんに提示してみるといいのです。
そうすれば、お客さんはオーナーの意図した通り、真ん中の5000円のコースを自らの意志で選んでくれることでしょう。

では、かりに、ディナーコースが21種類だったらどうでしょうか？

３０００円から７０００円まで２００円刻みで21種類。もう、これでは種類が多すぎてお客さんは選びようがありませんね。

このように、多くの選択肢を与えられると人は思考が停止してしまい、適切なものが選べなくなってしまいます。

これを『決定回避の法則』と言います。

このように、伝えたい内容に応じて適度な選択肢を相手に提示して、自らの意志で選んだという状況を作ってみてはいかがでしょうか。

## 46 成果を出す人は、相手に選択肢を示して、自ら選んだという状況を作る！

# 47

## 成果を出す人は相手が「Yes!」と答える質問をし、損をする人は「No!」と答える質問をする。

ある会社の先輩社員と後輩社員との会話です。

後輩：「今日は天気がいいですねぇ？」
先輩：「たしかに、いい天気だな」
後輩：「こんな天気のいい日は、サッカーでもしたいですね？」
先輩：「そうだな、この天気でサッカーやったら気持ちいいだろうな」
後輩：「今日は外にお昼ご飯食べにいきませんか？」
先輩：「いいな、いこうか」
後輩：「今月は小遣いが厳しいんで、おごってもらえませんか？」
先輩：「しょうがないな、おごってやるよ」
後輩：「ごちそうさまです！」

先輩社員は、まんまと後輩社員の手にハマってしまいました。
でも、先輩社員も実はそんなに嫌な気分ではなかったはずです。ごく自然の流れで「おごってやるよ」と言ったように思えるからです。

逆に、損をする人は、いきなり「先輩、おごってください！」とお願いします。
でも、それでは先輩の答えは「Ｎｏ！」でしょう。
「なんで俺がおごってやらないといけないんだよ」と言われてしまいます。
それから、こんなパターンもあります。

後輩：「今日はどんより曇って嫌な天気ですねぇ？」
先輩：「ここ数日、こんなもんじゃないのか」
後輩：「これじゃ、サッカーもやる気がしないですね？」
先輩：「そもそも、今腰痛めてるからサッカーできないし」
後輩：「今日は弁当買ってきて会社で食べますか？」
先輩：「俺は、外で食いたいな」

後輩：「それじゃ、今月は小遣いが厳しいんで、おごってもらえませんか？」
先輩：「ふざけるな、自分で払えよ！」
後輩：「そうですよね……」

この流れでは、間違っても「おごってやるよ」とは言ってもらえませんね。


いったい、冒頭の例とどこが違うのでしょうか？

冒頭の後輩のように、**成果を出す人は、相手が「Ｙｅｓ！」と答える質問をします。**

「天気」「サッカー」「昼ご飯」と3回連続して「Ｙｅｓ！」を引き出す質問をしたあと、「おごってもらえませんか？」と言われれば、思わず「おごってやるよ」と答えてしまうのです。

これを『**Ｙｅｓセット話法**』と言います。

「Ｙｅｓ！　Ｙｅｓ！　Ｙｅｓ！」と答えることで、その場の雰囲気は肯定的になり、その後に続く質問に対しても、思わず「Ｙｅｓ！」と言ってしまうのです。


言いたいことが伝わるには、その場の雰囲気が大切です。あなたの話を相手が受け入れ、

「Ｙｅｓ！」と言ってもらうためには、肯定的な雰囲気を作ることです。

前者の例と後者の例の話題の入り方を見てみると、「いい天気」と「嫌な天気」というところに違いが出ています。

「嫌な天気ですね……」

こう言われては、ポジティブに「Ｙｅｓ！」と言えないですよね。

ここでは、前者のように明るい「Ｙｅｓ！」を引き出して、質問を重ねて「Ｎｏ！」と言いづらい雰囲気をつくることが大事なのです。

そのために、質問でいかに相手から「Ｙｅｓ！」を引き出すかを考えましょう。肯定的な話を重ねることでの雰囲気作りを経験してみてください。

## 47 成果を出す人は、「Ｙｅｓ」で場の雰囲気を作った後に相手を説得する！

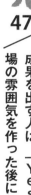

# 48 成果を出す人は他者の言葉を借り、損をする人は自分の言葉で語る。

あなたは後輩に「若い時の苦労は買うべきだ」ということを主張したいとします。

「私は苦労したから今がある。苦労が自分をバージョンアップさせるんだ」

これでも十分伝わることは伝わるでしょう。

しかし、後輩は心の中で「それはあなただからじゃないですか。今は時代が違うし」と思っているかもしれません。いまいち、「先輩の教えを守ろう」とは思いづらい面があります。


成果を出す人はこんな工夫をしています。

「私は苦労したから今がある。中国の故事に『艱難汝《かんなんなんじ》を玉にす』という言葉がある。今は苦しいが克服できたら、人間として成長できるという意味だ」


いかがでしょう。説得力が増したように思いませんか？

他の例もあげてみましょう。成果を出す人はこう言います。

「……ということで、何事も準備が大切です。よく『転ばぬ先の杖』と言いますが、万一に備えて用心することで失敗を未然に防ぐことができます」


ここでは、「『転ばぬ先の杖』と言いますが……」に注目です。

このフレーズがあるだけで話の信ぴょう性が増しますね。

もちろん、ことわざだけではありません。格言・名言、権威のある人の言葉を借りることで説得力のある話になり、相手に心に届くようになります。


もうおわかりになりましたか？

成果を出す人は、**自分の言葉で語るだけでなく、他者の言葉を積極的に使っています。**


「この分野の第一人者である□□大学△△教授によると、○○○○○ということです」

「中国の思想家である孔子の言葉を借りれば、○○○○○なのです」

権威のある人や歴史上の人物の言葉であれば説得力があり、それだけで納得してしまうものです。

たとえば、こんな感じです。

「成功するまで続ければ、絶対に失敗はないんだ。だから続けることがとても重要だよ。松下電器（現パナソニック）の創始者で、経営の神様と呼ばれた松下幸之助さんがこう言っている『失敗したところでやめてしまうから失敗になる。成功するところまで続ければそれは成功になる』とね」

「なるほど、そうか」と思わず納得してしまいます。

「創業200年の老舗□□□では、創業以来○○○○○を使っています」

「文部科学省の調査データによれば、○○○○○という結果となっています」

こうした昔からの伝統や、客観的な裏づけのあるデータに対しても、私たちは信用・信頼する傾向が強いと言えます。

ですから、どんどん他者の言葉を借りて説得力のある話にするべきなのです。

とはいうものの、うまい具合に先人の言葉が見当たらない場合もあるでしょう。そんな時は、自分でキャッチフレーズやキーワードを作ったり、ネーミングしてしまうという手もあります。

私も本書の中で、「私はこれを『〇〇〇法』と呼んでいます」と表現している箇所がいくつかあります。オリジナルの法則などの場合、このように表現しているのです。

こうすることで、少なくとも相手の記憶には残りやすくなります。

ふだんから語彙や偉人の名言を意識的に見ているといいでしょう。それを意識して話すだけで、グッと伝わりやすくなります。

## 48 成果を出す人は、格言・名言・権威のある人の言葉を使って、説得力をアップしている！

# 49

## 成果を出す人は3つのストーリーで伝え、損をする人は1つの事実で伝える。

「人と仲良くなるコツって何だかわかりますか？　それは、とにかくたくさん会うこと。会った回数が重要なんです。１時間じっくり話をするより、10分でもいいから6回会う機会を持ったほうが、圧倒的に仲良くなれるのです。だから、人と仲良くなりたかったら、とにかく徹底的に会う回数にこだわってください」

もしかりに、あなたがこのよう言われたらどうでしょう。

「まぁ、たしかにそんな感じもするな」と、一応は納得するかもしれません。

損をする人は、ここで話が終わってしまいます。

では、このあとこう続けて話をされたら、もっといいと思いませんか？

「実は、私は以前保険会社の営業マンをしていました。この言葉は当時の先輩から聞いた言葉なのですが、素直に実践してみたのです。毎日のようにお客さんを訪問するものの、決して10分以上長居しないことにしました。このやり方を1か月も続けると、何人かのお客さんの方から『君がくるのを待ってたよぉ』と言われるようになり、不思議なことにこれを機に営業成績もあがり始めたのです」

「それから、こんなこともありました。当時私には苦手な先輩がいて、どうも馬が合わない、波長が合わないのです。ですから、話もろくにしませんし、お互い避けているような関係でした。でも、思いきって『1日1回、一言だけでいいから先輩に話しかけよう』と決めたのです。『おはようございます』『おつかれさまです』『行ってきます』など、あいさつ程度の一言です。すると、だんだんと先輩の様子が変わっていくのがわかりました。初めは返事もしてくれませんでしたが、そのうち『おー』『うん』という言葉が返ってくるようになり、ついに『おはようございます』と私が言うと『おはよう』と返事をしてくれるようになったのです」

**ただ事実を伝えるだけでなく、ストーリーで伝えることで、あなたの話はわかりやすくなります。** 成果を出す人は、このように話しているのです。

その際、これから話そうとすることの情景やイメージを自分の頭の中に思い描き、それをそのまま相手の頭の中に送る、という感じで話をすればいいのです。

そうすれば、相手の頭の中にもストーリーが広がり、言葉で理解するより頭に描いた映像で理解することができます。これも右脳に訴える伝え方であり、相手の理解アップ、記憶の長期保有に結びつきます。

**1つの理論、理屈、事実を相手に伝える時には、3つのストーリーを用意しておくといいでしょう。**

理論、理屈、事実を聞いただけでは、なかなか頭にすんなりと入ってきません。それに理解も進みません。

しかし、ストーリーであれば興味を持って話を聞きたいと思うでしょうし、それが1つではなく2つ、3つあればなおのことです。

1つ目のストーリーで相手は話の3分の1を理解して、2つ目のストーリーで3分の2を理解する。そして、3つ目のストーリーですべてを理解する。そのくらいの感覚でいいのです。

49 成果を出す人は、相手に伝わりやすいストーリーで心を動かす！

では、３つ目のストーリーです。
「また、これは人から聞いた話なのですが、ある女性が男性に恋をしたそうです。毎朝の通勤電車の中でその男性を見かけるうちに好きになったのです。その女性はとてもおとなしく、引っ込み思案の性格です。でも、この恋は絶対実らせたいといろいろと考えました。そこで、とにかく顔を覚えてもらおうとしたそうです。毎朝、同じ電車の同じ車両、そして同じ番号のドアから乗るようにしました。そして、目当ての男性の前の位置を陣どるなど、けなげにアピールしたのです。そのかいあって半年後、ついに男性から声をかけられつき合うようになり、やがて結婚することになったのです。どうですか、いい話だと思いませんか。ちなみにその女性というのは、私の妻ですけど……」

こんなオチがあっても面白いかもしれません。

# 50 成果を出す人は質問を使い分け、損をする人は単純な質問しかしない。

自動車ディーラーのショールームに来店したお客さんに、営業マンが近寄りこう話し始めたとします。

営業マン:「いらっしゃいませ。どのようなお車をお探しですか? あっ、ご家族がいらっしゃるようですし、ワンボックスカーなんかいかがでしょうか。こちらの車は先月発売されたばかりの新車です。車内は広々した空間が確保されていますし、安全性についても……」

お客さん:「よくわかりました。じゃあ、またきます!」

この時点でお客さんは完全に退散モードに入ってしまいます。

家族連れだからワンボックスカーがいいと勝手に決めつけ、マニュアル通りの質問をした後、とにかく新車のメリットを必死になって伝えまくったわけです。
しかも、お客さんに質問したにも関わらず、その答えを聞く暇もなくです。
では、成果を出す人ならどうでしょう。

営業マン：「いらっしゃいませ、ご来店ありがとうございます。（車のナンバープレートを見て）今日はわざわざ〇〇からお越し頂いたのですね。ありがとうございます」
お客さん：「あっ、どうも。買い物のついでに……」
営業マン：「そうでしたか、この辺りですと□□□モールか、△△△センターでしょうか？」
お客さん：「ええ、□□□モールですけど……」
営業マン：「□□□モールですか。あそこは買い物以外にもいろいろなイベントをやっていますからね。楽しまれましたか？」

このように、初めから相手との会話を心がけ、コミュニケーションをとることを大切に考えます。**こうして相手の心を開くことができれば、さらに突っ込んだ質問に対しても、快く答えてくれるようになります。**

営業マン：「ところで、今のお車で何かご不便を感じていることはおありですか？」
お客さん：「今一番困っているのが、駐車場が狭くて車庫入れが大変なことなんですよ」
営業マン：「そうですか。たしかに、車庫入れに苦労されている方は結構いらっしゃいますね。先週ご家族でこられたお客さまもそうでした。実は、先月発売されたこちらのワンボックスカーですが、これだけ大きな車でありながら小回りがきいて車庫入れがスムーズに行えるということで、お買い上げ頂きました」
お客さん：「へぇー、そうなんですか。ちょっと試乗してもいいですか？」

これで、伝えたいことがしっかりと相手に伝わりました。
この営業マン、何気なく雑談を交わしているように見えますが、実際にはある質問のテクニックを使って話を進めているのです。

まず、質問には2種類あることを覚えてください。

クローズド質問とオープン質問です。

クローズド質問とは「AとBのどちらが好きですか？」といったように、限られた答えを求める質問のことです。

一方、オープン質問とは「なぜAが好きなのですか？」など、答えの自由度が高い質問のことを言います。

成果を出す人は、簡単に答えられるクローズド質問をしてから、オープン質問につなげることで、相手が話しやすい状況を作っているのです。

この**「クローズド質問からオープン質問につなげる」**というのがポイントとなります。

先ほどの売れる営業マンも、□□□モールか、△△△センターかの二者択一の質問をしました。そのあと「楽しまれましたか？」といったオープン質問に展開しています。

この順番で質問されたお客さんは、ごく自然に答えることになり、その結果2人の間に会話が生まれ、その後の話もスムーズに運んだのです。

## 50 成果を出す人は、2種類の質問を巧みに使いわけている！

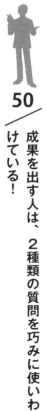

■著者略歴
車塚　元章（くるまづか　もとあき）
株式会社ブレイクビジョン代表取締役
1965年東京都生まれ、青山学院大学経済学部卒業、ビジネス・ブレークスルー大学大学院経営学研究科修了MBA。新日本証券株式会社（現みずほ証券）にて営業を経験した後、経営コンサルティング会社に入社。戦略立案、営業構造改善など企業の経営支援に従事する。1996年経営コンサルティング会社を設立し、代表取締役に就任する。こうした経験から、ビジネスにおけるコミュニケーション力や、論理的思考力の重要性を強く感じるようになる。現在は“人を育てる”事業に特化し、人材育成コンサルタント・研修講師として、ビジネスパーソン、コンサルタントの実践的なスキル開発に力を注いでいる。
主な研修テーマは、プレゼンテーション、ビジネスコミュニケーション、問題解決、ロジカル＆ラテラルシンキング、ファシリテーション。
著書は『30歳までに手に入れたい仕事力99』（フォレスト出版）、『プレゼンできない社員はいらない』（クロスメディア・パブリッシング）、『コンサルのプロが新人に教える月100万円！稼ぐコンサル術』（明日香出版社）など多数。

株式会社ブレイクビジョン
http://www.breakvision.co.jp/

本書の内容に関するお問い合わせ
明日香出版社　編集部
☎(03) 5395-7651

伝《つた》え方《かた》で「成果《せいか》を出《だ》す人《ひと》」と「損《そん》をする人《ひと》」の習慣《しゅうかん》

2016年　2月　18日　初版発行
2016年　3月　1日　第11刷発行
著　者　車塚《くるまづか》元章《もとあき》
発行者　石野栄一

〒112-0005 東京都文京区水道2-11-5
明日香出版社
電話 (03) 5395-7650（代 表）
(03) 5395-7654（FAX）
郵便振替 00150-6-183481
http://www.asuka-g.co.jp

■スタッフ■　編集　早川朋子／久松圭祐／藤田知子／古川創一／余田志保／大久保遥
営業　小林勝／奥本達哉／浜田充弘／渡辺久夫／平戸基之／野口優／横尾一樹／田中裕也／関山美保子　総務経理　藤本さやか

印刷　美研プリンティング株式会社
製本　根本製本株式会社
ISBN 978-4-7569-1819-2 C2036


編集担当　古川創一

## 「稼げる営業マン」と「ダメ営業マン」の習慣

菊原　智明

根本的な能力はあまり変わらないはずなのに、なぜか自分は成績を上げることができない。そんなビジネスパーソンに、できる営業マンの習慣とできない営業マンの習慣を対比することによって、気づきとテクニックを与える。

本体価格 1400 円＋税　B 6 並製　240 ページ
ISBN978-4-7569-1519-1　2012/01 発行

## 「伸びる社員」と「ダメ社員」の習慣

新田　龍

仕事を一生懸命しているが、なんとなくうまくいかない人・評価されない人がいる。「できる社員」の仕事の取り組み方、考え方と「できない社員」のそれらを比較することで、自分に何が足りないのかを理解する。

本体価格 1400 円＋税　B 6 並製　240 ページ
IISBN978-4-7569-1575-7　2012/09 発行

## 「できる上司」と「ダメ上司」の習慣

室井　俊男

できる上司とできない上司の習慣の違いを 50 項目でまとめた。目標達成、部下育成、コミュニケーションなど、上司が持っていなければならないスキルについて解説。

本体価格 1500 円＋税　B 6 並製　240 ページ
ISBN978-4-7569-1608-2　2013/02 発行

## 「できる経理マン」と「ダメ経理マン」の習慣

佐藤　昭一

できる経理マンと言われる人たちは、どんな仕事のやり方・考え方をしているのだろうか。会社に貢献し、経理のスキルがアップする 50 の仕事術を紹介する。

本体価格 1400 円＋税　B 6 並製　240 ページ
ISBN978-4-7569-1613-6　2013/03 発行

## 「できる人事」と「ダメ人事」の習慣

曽和　利光

リクルートやライフネット生命で人事を経験してきた著者が書く、人事部の仕事術。50 項目で人事部がやっておくべきこと、知っておくべきこと、習慣にしておくべきことが学べる。


本体価格 1500 円＋税　B 6 並製　240 ページ
ISBN978-4-7569-1703-4　2014/06 発行


## 「稼げる男」と「稼げない男」の習慣

松本　利明

外資系企業で人事コンサルをしてきた著者が、今まで多くの人を見てきた中で、成功を収めている人、失敗してしまう人の特徴を、エピソードを交えて紹介します。仕事のやり方や考え方からライフスタイルまで解説。


本体価格 1500 円＋税　B 6 並製　224 ページ
ISBN978-4-7569-1753-9　2015/02 発行

## 伸びる女（ひと）と伸び悩む女の習慣

関下　昌代

「会議や待ち合わせの時間に遅れる」「会議の進行が遅れる」「仕事が納期に遅れる」「質問やトラブルへの対応が遅れる」など、いつも遅れてしまう人達の原因を掘り下げ、それらを解消するための方法を紹介する。

本体価格 1400 円＋税　B 6 並製　216 ページ
ISBN978-4-7569-1711-9　2014/07 発行

## 起業して 3 年以上<br>「続く人」と「ダメな人」の習慣

伊関　淳

３年で半数近くはリタイアするという起業家の世界の厳しさは、もちろん知っている。起業したい人はまず何からはじめればいいのだろうか。「起業の決意」「会社にいながらやるべきこと」「お金」「アイデア」などなど、50 項目を対比構造で紹介していく。事例も効果的に入れていく。極力、退職前に身につけやすいものを入れる。

本体価格 1500 円＋税　B 6 並製　248 ページ
ISBN978-4-7569-1646-4　2013/09 発行

## 「仕事が速い人」と「仕事が遅い人」の習慣

山本　憲明

同じ仕事をやらせても、速い人と遅い人がいる。その原因はいろいろだ。仕事の速い人、遅い人の習慣を比較することで、どんなことが自分に足りないのか、どんなことをすればいいのかを、著者の体験談とともに50項目で紹介する。

本体価格 1400 円＋税　B 6 並製　240 ページ
ISBN978-4-7569-1649-5　2013/10 発行

## 目標を「達成する人」と「達成しない人」の習慣

嶋津　良智

意識が高く努力すれど、その努力が報われない・・・。そんな人はもしかしたら、目標達成の手順を踏んでいないかもしれない。ダメサラリーマンから上場企業の社長になった著者自身の経験を交え、「目標設定」「実行力のつけ方」「タイムマネジメント」「人の巻き込み方」などを紹介。

本体価格 1400 円＋税　B 6 並製　240 ページ
ISBN978-4-7569-1669-3　2014/01 発行